마음먹은 대로 사는 게
아직 서툰 당신에게

마녀의 조건

마음먹은 대로 사는 게
아직 서툰 당신에게

마녀의 조건

초판 1쇄 인쇄 | 2023년 11월 08일
초판 1쇄 발행 | 2023년 11월 15일

지은이 | 유윤주
펴낸이 | 김채민
펴낸곳 | 힘찬북스
출판등록 | 제410-2017-000143호

주소 | 서울특별시 마포구 망원로 94, 301호
전화 | 02-2272-2554
팩스 | 02-2272-2555
이메일 | hcbooks17@naver.com

ISBN 979-11-90227-31-5 03190

* 파본은 본사나 구입하신 서점에서 교환하여 드립니다.

마음먹은 대로
사는 게
아직 서툰 당신에게

마녀의 조건

유윤주 지음

HC books

contents

들어가며

'바로 오늘 10 AM! 드디어 성형외과 수술을 받는 날입니다.'

그것도 혼자가 아닌 엄마랑 저랑 모녀 합동 쌍수의 날이죠. 갓 70대의 성형은 미용이 아니라 '나다움의 복원이다.'라고 솔깃한 세뇌를 이따금 펼친 끝에 같은 수술대 위에 엄마가 먼저 눕고 연이어 제가 눕게 되었죠. 그래도 엄마가 누웠던 자리라고 생각하니 조금 덜 낯선 거 같기도 하지만 세상을 바라보는 눈을 더 와이드하게 가져보기 위해서라는, 나름 인문학적인 핑계로도 수술대 위의 두근거림은 나아질 기미가 일절 없습니다. '어쩌다 수술대 효과'라고 해야 할까요? 막상 이곳에 눕고 보니 별별 생각이 확 쏟아지고 머릿속으로 대뜸 가상 유서를 써보게 됩니다. "고작 쌍수하면서 지금 뭐 하니?"라고 물을 수도 있겠지만 수술대에 누워 마취를 기다리는 이 짧고도 영원 같은 시간은 자아 성찰의 골든 타임이라고 분명하게 말씀드릴 수 있다니까요. 그렇다고 일부러 수술대를 적극 권해드릴 수는 없지만요. 키득.

인생이 주마등처럼 스친다고 이야기하는 그 주마등은 이렇게 생겼구나 싶을 만큼 살아온 나날들이 1분 편집 영상으로 재생되어 머릿속을 급히 지나갑니다. 속성으로 회개기도도 해보고 흑역사 에피소드 요약본에 따라 특정 몇 분께는 용서도 구하고 가족들에게 사랑한다고도 읊조려보고 그 짧은 시간에 갖은 멀티플레이를 했답니다. 그리고 마취약 기운에 스르륵 눈감기 전 스스로에게 던진 최후의 인생 질문은 이랬습니다.

'그래서 만약 이대로 죽으면 가장 후회되는 건 뭔데?'

"한바탕 잘 살다 간다."라고는 말할 수 없는, 뭔가 아직은 못다 핀 망울망울함이 가드득 밀려왔어요. '기껏 쌍수한 눈 떠보지도 못하고 영원히 눈감은 미모의 유씨'라고 뉴스에 나온다고 생각하니, 뭐 이미 죽었으니 남들이 뭐라고 하는 건 딱히 상관없고요. 딱 하나, 내 마음에게 사과하고 싶더라고요. 마음먹은 대로 찐하게 못 살아내서 미안하다고 말이죠. '이럴 줄 알았으면 더 더 마음먹은 대로 살걸…. 이거저거 기웃거리지 말고 하고 싶은 거나 할걸….' 진심 가득 씁쓸하고 미안하더라고요. 수술대 위에서는 어찌나 마음이 심플해지는지 그간 요란하게 사용하던 부사, 형용사 따위의 군더더기 말 따위는 다 필요 없어지더라니까요. 그렇게 망울망울함 가득한 가상유언을 남기고 곤히 잠이 들었습니다.

노트르담의 대성당에서 울려 퍼지는 원근감 묻은 종소리처럼 윙, 윙 울리는 선생님의 목소리가 미세하게 들려 왔고 역시나 천국이 아닌 수술대 위인 걸 보니 순간 안도했습니다. 살았네요. 살았어! 눈 모양 교정 중이라시며 비몽사몽 중에 눈을 떠봐라, 감으라 하셨고 이 틈을 타고 수상한 일이 곧 벌어지지 뭡니까. 꿈속 같은 기분이어서 그런지 제가 뭔가 이야기를 주절주절하는 거예요. 뇌하고 입하고 팀워크에 분열이 생긴 듯 주절주절 출처 미상의 속엣말을 래퍼 못지않게 뱉어냈고 그렇게 정신은 계속 아득했습니다.

나중에 간호사님께 회복실에서 전해 들은 바에 의하면 "앞으로 마음먹은 대로 살 거야! 냅둬"라고 몇 번을 중얼거렸다는 겁니다. 하고 싶은 거 미루지 않고 하겠다는 마취 속의 외침이었던 거죠. 이렇게 마취 중에 (마)취중진담을 하게 된다는데요, 이때 속엣말을 본의 아니게 더러 쏟아놓는다는군요. 앞으로 성형수술을 계획하고 계신다면 마음속 진심은 잘 수납 정리하고 가셔야 의도치 않은 속엣말밍아웃을 예방할 수 있으실 거예요.

하여튼 당시에는 눈에 덕지덕지 뭐가 붙어 있기도 했고 난생처음 경험해보는 색다른 통증 덕분에 별생각 없다가 차차 눈의 통증이 소심해지자 수술대 위에서 외쳤던 속엣말이 폰트 500으로 머릿속에 뚜둥 떠올랐습니다. (마)취중진담!

맞아요, 바로 그거예요! '저는 무엇보다 마녀로 살고 싶었던 겁니다.'

마:마음먹은 대로 사는 녀:여자 = [마녀]

(마)취중진담이 알려준 진짜 원하는 삶은 생각보다 요란하지 않고 간단했어요. 마녀! 그렇다면 그까짓 거 '마녀되기'를 미룰 이유가 있을까요? 내가 빠진 그럴듯한 허울로부터 나를 수정하고, 진짜 원하는 마음을 추가하며 나다움을 계속 갱신해나가는 마녀로 다시 확 태어나버리면 되는 거잖아요. 그리하여 첫 번째는 생물학적으로 산부인과 분만실 침대에서 태어났고 두 번째는 (마)취중진담적으로 신사동 수술대 위에서 마음으로 다시 태어나는, 마녀가 되어보기로 한 거죠.

다시 태어난 0단계의 마녀가 만렙의 마녀가 되어가기 위해 '마녀의 조건'을 찾아가며 겪는 '우당탕탕, 아이쿠'한 과정을 무보정 버전으로 아삭아삭하게 들려드릴까 합니다. 손짓, 발짓 곁들여서 직접 들려드리고 싶으나 몸이 아직 하나밖에 없는 관계로 일단은 활자로 들려드리고요. 2단은 영상을 통해서도 들려드리고, 3단은 만나서도 들려드리기로 마음먹었습니다. 해보는 거죠. 뭐! 만렙 마녀로서의 넉넉한 짬이 없지, 깡이 없는 건 아니니까요. 씨익.

자! 그렇다면 마녀 유윤주의 재미, 의미투성이 쿨톤, 웜톤 인사이트 그리고 마녀살이에 필수템, 무한리필로 우려낼 수 있는 '마녀 습관 패키지'와 만렙 마녀의 몸과 마음을 가꾸는 비법 '뫔스테틱', '마녀포텐' 언박싱까지 지금부터 60초 후에 시작해보겠습니다. 그럴듯한 버거운 행복보다는 마음먹은 대로 살아가는 마녀로 다시 태어나길 꿈꾸는 지구상의 모든 0단계 마녀님을 가열차게 응원하며 '마녀의 조건' 지금 속으로 촉촉이 스며들어 보겠습니다. 시시시 시작!

아, 맞다!

1장– 쿨톤, 웜톤 인사이트 가드득. 취향대로 먼저 골라보는 재미가 있죠

2장, 3장– 본격 마녀레시피 요기 다 있어요.

4장– 마녀포텐부터 언박싱하고 시작해도 좋죠

'마녀 규칙' 1. 2. 3 지금부터 명심하기!

[마녀 규칙]

1. 지금부터 마녀로 살 것.

2. 1번 규칙을 꼭 지킬 것.

3. 2번 규칙을 반드시 지킬 것.

CHAPTER

1

마녀의 쿨·웜 인사이트

-일상에 널린 힌트 조각으로
나만의 쿨톤, 웜톤 인사이트 만들기

웹툰 인사이트

마녀의 생일

나라에서 제 앞으로 붙여준 번호에 따르면 저는 1978년의 늦은 여름 8월의 마지막 날 태어났어요. 사실 그때는 태어나느라 너무 정신이 없어서 어땠는지 기억엔 하나도 없긴 합니다. 가족들의 이야기와 직접 출산하느라 고생한 우리 엄마의 이야기를 들으며 아! 그때 난 그랬구나 하는 거죠, 뭐. 제가 태어난 난 날은 제 생일이자 우리 엄마의 첫 출산기념일이니까 엄마가 더 잘 아는 게 맞죠! 세상에 태어난다는 건 제 인생에 있어 참 대단한 일인데 기억에 없다는 게 참 아이러니하기도 합니다. 혹시 마녀님들 태어난 날이 정확하게 기억나고 그러신 분 없으시죠?

그렇게 매년 8월의 마지막 날이 되면 태어난 것을 축하받고 또 스스로 축하하며 미역국을 먹고 촛불을 불고 그랬네요. 매년 돌아오는 생일이 뭐가 그리 대수냐고 생각하는 분들도 있겠지만 저는 태어나는 순간의 기억조차 없는 생일이 주는 의미가 생각할수록 의미 있다고 생각하는 사람 중 강력한 한 명이랍니다.

잘 생각해보세요. 우리는 엄마의 자궁에서 단순히 분리된 게 아니라 '나'라는 존재로 태어난 거잖아요. 세상에 태어나면서 우리는 '나'라는 존재 자체를 이룬 그것만으로 벌써 훌륭하지 않습니까! 아, 매우 안타깝지 뭡니까. 그런 중요한 순간이 기억나지 않는다는 것이요. 하기야 그것만 기억 안 나는 것도 아니죠. 엄마 젖을 힘차게 빨던 기억. 두 발로 처음 땅을 밟고 걸은 기억. 엄마! 아빠! 라고 처음 말이란 것을 해본 기억… 등등. 나의 폭풍 성장의 기억은 모두 없다는 게 가끔 너무 아쉽지만 사실 기억에만 없을 뿐 이미 하나도 빠짐이 없이 내 몸에 지니고 있는거겠죠? 이렇게 성장한 몸과 마음이 버젓이 그걸 증명하고 있긴 하니까요.

하여튼 그렇기에 매년 생일이 돌아올 때마다 그해에 뭔가 이룬 것이 없고 힘든 일들이 많을수록 스스로에게 존재한 것만으로도 잘했다고, 존재해주었기에 또 무한한 가능성을 움켜쥘 기회를 만든 것이라고 이야기해주고 있답니다. 오히려 뭔가 결과를 내고 이루었을 때보다 그렇지 못했을 때 생일이 주는 의미가 더 빛나는 게 아닌가 싶습니다. 의기소침한 나를 위한 찐 응원 '존재하느라 애썼어! 윤주야!'

그런데 마녀님들 그거 아세요? 우리 모두에게 생물학적인 생일이 있듯이 또 다른 생일이 하나 더 있답니다. 바로 마녀로 태어나는 생일이죠. '마녀 생일' 마음먹은 대로 살겠다는 마녀로 다시 마음으로 태어나는 생일 말이에요. 생물학적 생일이 나를 '나'로 존재하게 했다면 마녀의 생일은 '나다움'을 만들어가는 생일이랄까요? 마녀의 생일은 누구에게나 마구 주어지는 건 아니랍니다. 누구보다 나답게 살고자 하는 마녀들에게만 생겨나는 대놓고 특별한 생일이니까요.

그렇기에 '마녀 생일날'도 한껏 자축하고 미역국도 맛있게 끓여먹고 촛불도 불고 그랬으면 좋겠습니다. 아, 생물학적 생일과 다르게 마녀 생일은 일 년에 딱 한 번이 아닐 수도 있어요! 무엇인가 마음먹고 새롭게 시작하는 날이 될 수도 있고 반대로 나답지 않은 무엇인가를 용기내어 포기할 때가 될 수도 있으니까요.

그러니까 마음먹은 대로 운동을 시작하는 날이 오늘이라면 또 나다움을 방해하는 과자를 먹는 간식 습관과 헤어지기로 마음먹었다면 오늘이 바로 마녀 생일인 거죠. 그러니까 그럴 때마다 나를 위해 얼른 미역을 꺼내 불려보는 거죠. 후훗.

제가 다른 국은 소질이 없지만, 이렇게 자주 끓여 먹다 보니까 미역국은 또 제법 끓이는 유일한 국인데 말이죠. 이게 육수에 집착할 필요가 없더라고요. 육수를 낼 재료가 없어도 그냥 잘 손질한 미역을 참기름에 잘만 볶아내면 슴슴하니 맛있던걸요. 아무 때나 만들기 편해서 참 좋아요. 생물학적인 생일날 끓여 먹는 미역국은 나의 존재 자체를 응원하고 축복하는 1번 생일 미역국! 그리고 마녀의 생일날 끓여 먹는 미역국은 마음으로 태어난 나다운 나를 응원하고 축복하는 2번 생일 미역국이 되겠습니다.

음. 앞으로 얼마나 더 1번 2번 생일 미역국을 먹게 될지는 모르지만, 우리의 삶에 2번 생일 미역국이 꽤 넉넉하기를 이 시간 또 바래봅니다. 아, 누가 보면 제가 미역 파는 사람 같아 보이겠네요. 기다려보세요! 또 알아요? 제가 '마녀 미역'을 마녀님들을 위해 출시할지도 모르잖아요. 아, 그러고 보니 나의 마녀 생일만 챙길 게 아니라 우리가 사랑하는 사람들에게 '마녀 생일'의 의미를 알려주고 마녀 생일을 함께 만들어 나가는 것도 너무 괜찮은 일일 것 같아요.

여러모로 마녀님들을 응원할 우리나라 최고의 미역을 얼른 찾아 봐야 할 거 같아요! 완도가 유명한가요? 거문도가 유명한가요? 얼른 미역 찾아 떠나야겠어요.

성장판의 귀환

수십 년 전에 이미 영업을 끝낸 제 성장판을 꼭 한번 만날 수 있다면 진지하게 물어보고 싶은 게 하나 있어요. "장판아! 나 원래 얼마나 더 클 수 있었던 거야? 응?"

끼리끼리는 과학이라더니 엄지공주랑 베프 먹을 엄지만한 키로 살아가고 있는 지금에 와서야 스스로 더 자랄 수 있는 환경과 조건을 왜 적극적으로 더 제공하지 못했을까…. 라는 혼잣말을 가끔 해요. 새로 산 옷을 들고 우리 집이 먼저가 아닌 수선집으로 향할 때마다 성장판에 대한 끈적한 미련을 혼잣말로 뱉곤 했죠. 팔 · 다리 뼈와 뼈 사이에 존재하는 얇은 막인 성장판 아시죠? 평균 여자는 15세 남자는 17세에 성장판이 활동을 마감한다고 해요. 평균값이니까 물론 예외는 어디에나 존재해서 군대를 다녀와서도 키가 큰 사람도 있고 출산 후에도 키가 큰 사람도 있긴 하다는데 그런 예외 피플을 직접 만나 본 적은 아직 없습니다.

앞으로 새벽 특별기도를 100일간 아니 1000일간 작정하고 드린다고 할지라도 기도와 더불어 키가 좀 더 자랄 수 있다는 식이요법을 한다 한들 이제 와서 못다 큰 키가 더 자라는 것보다는 로또 당첨이 더 쉬울 테죠. 끄덕끄덕.

"키만 삐죽 크면 뭘 해. 키가 크면 불편한 점도 많을 거야". 라며 셀프 위로와 함께 작고 귀엽게 지내던 36세의 어느 늦은 여름날을 계기로 예상치 못한 누군가에게 새로운 성장판을 선물 받게 됩니다. 이런 걸 전문용어로 미. 라. 클, 두 글자로는 기적이라고 하는 거 맞죠?

맞아요! 그때였어요. 남편 말에 의하면 허리에서 쓰윽 소리가 나며 쿵 하고 그대로 쓰러졌다고 해요. 그리곤 이내 몸에 마비가 왔고 급하게 병원으로 옮겨졌죠. 허리의 퇴행이 많이 진행되었고 연골이 심하게 마모되어서 윤활 역할을 하는 주사를 맞아보긴 하겠지만 허리를 열어야 하는 수술을 해야 할 거 같다고…. 마치 70대 노인의 허리와 같다고 의사 선생님은 라스베이거스의 흔한 풍경처럼 건조하게 이야기하셨죠. 마치 버튼만 누르면 수명이 다할 때까지 똑같이 말하는 ARS 멘트 같았어요.

그렇게 쓰고 슬픈 병원 생활이 억지로 시작되었죠. 하반신 마비가 온 남편의 대 · 소변을 받아내며 왜 열심히 살아가는 우리에게 이런 일이 찾아온 것인지 괴롭고 두려웠습니다. 남편의 쓰러짐으로 인해 저와 반짝이던 어린 두 딸의 인생이 알 수 없는 어둠에 머리채를 송두리째 잡혀 끌려가고 있었으니까요.

한 남자의 아내로 실컷 울고 슬퍼할 겨를조차도 엄마라는 이름값의 책임 앞에선 사치인듯했습니다. 그래서 경단녀의 딱지를 떼어내고 무엇이라도 해야겠다는 마음을 집어 먹고는 집 앞 마트 캐셔 모집에 눈물의 이력서를 넣었죠. 아, 그때 들었던 말은 정말 평생 못 잊는다니까요. 당황스러운 맘으로 왜 캐셔 모집에서 떨어진 거냐며 살짝 따지듯이 물었더니 "저기요! 이런 일 안 해보셨죠. 딱 일 못 하게 생기셨어요. 이런 이력들 무용지물인데…, 허허." 살다 살다 못생긴 것보다 더 자존심 상하는 말이 아닐 수 없죠. 일을 못 하게 생겼다니…. 참나. 지금도 거울을 들여다보며 가끔 얘기해요. 어디가 어느 부분이 일을 못 하게 생긴 부분이냐고 말이죠.

인정하고 싶진 않았지만 일을 정말 못하게 생긴 건 맞는 듯 그 후로도 빨간펜 선생님도 떨어졌어요. 둘째 딸내미 재워야 하는 7시~10시까지가 한창 일해야 할 타임이라고 하더라고요. 36세에 아이를 키우는 여자가 입맛에 맞는 일자리를 찾기가 이렇게 어려울 줄이야…. 나름 20대를 이 맛 저 맛 다 있지만 제 잘난 맛에 살던 내가 36세에 맛보는 이 찰지고 감칠맛 나는 모욕감이란! 그때 서야 세상은 알고 나만 모르는 진실을 마침내 알게 되었죠. '세상이 바라보는 나와 내가 바라보는 나는 참 다르다.'라는 진실 말이에요.

스스로의 쓸모에게 배반당한 느낌은 어디다 하소연해야 하는 걸까요. 이쯤 하면 누가 봐도 인생극장에 출연할 각이죠. 쓰러져 '하반신 마비인 남편과 어린 두 딸을 건사하며 집에서 인형 눈알을 하루에 만 개씩 박아 재끼는 AI 같은 미모의 아줌마의 삶' 이런 사연으로 말이죠. 사실 이 사건을 이렇게 몇 글자로 담아내긴 꽤 구구절절하고 다시 한번 더 구구절절하거든요. 솜털 하나하나까지 자세한 이야기를 듣고 싶으시다면 이메일 주세요. 할 말이 너무 많아요. 너무 많아!

남편의 쓰러짐으로 제게 크게 다가온 질문은 '한곳에서만 들어오는 수입을 우리는 왜 위험으로 못 느꼈을까?' 였어요. 열심히 일하며 성실하게 살고 있으니 불행은 우리에게 오지 않을 것 같은 막연한 부적 같은 믿음이 있었나 봐요. 남편이 쓰러지기 전으로 다시 돌아갈 수만 있다면 나도 뭔가를 준비할 텐데…. 라고 생각하며 수술 날짜를 기다리던 도중 막내 이모의 권유로 한방병원으로 병원을 옮겼고 진짜 드라마는 여기서부터 시작되었죠. 재벌 아들의 출생 비밀 같은 반전처럼 '오진'이라는 놀라운 진단을 받게 됩니다. 오진이라니요? 오진! 그 오진으로 저는 오지게 지옥 체험학습 중이었는데. 억울한데 기뻤습니다. 화나는데 감사했습니다. 눈물의 할. 렐. 루, 야, 아. 멘 그 자체였습니다. 아니 글쎄 수술은커녕 남편은 추나

10회를 받고 벌떡 일어났다니까요. 세상에나….

"의료소송을 할 수 있지만, 워낙 큰 병원이고 돈도 많이 들고 긴 싸움에 지칠 테니 젊은 부부가 새로운 삶을 얻었다고 생각하고 그냥 감사하며 살아요."라고 한방병원 원장님은 토닥여주셨고 우린 거짓말 중의 거짓말처럼 일상으로 돌아왔습니다. 악몽 같은 현실에서 다시 복귀한 그해 겨울 저는 스스로에게 감사한 마음으로 제2의 성장판을 선물했습니다.

'어디 한번 내가 다시 나를 자—알 키워보기로 마음먹은 거예요'

꾸미고 가꾸는 것을 좋아하는 적성과 취향에 힘입어 몸과 마음으로 부지런히 배우고 익혀가며 뷰티 비즈니스를 시작할 기회를 스스로에게 만들어 주었죠. 그 시작이 있었기에 많은 경험자산을 쌓아가며 새롭게 제2의 성장판을 오픈한 유윤주를 키워나갈 수 있었답니다. 그러니까요, 여느 공포영화 못지않은 끔찍한 불행한 사건이 훗날 돌아보면 나를 키워준 제2의 성장판을 귀환시킨 나만의 자산이란 걸 알 수 있죠. 그래서일까요. 지금도 제게 종종 찾아오는 원인불명의 불행에 무턱대고 징징거리지만은 않을 수 있는 큼직한 우산 같은 레퍼런스가 되어주고 있답니다. 아, 물론 저와 같은 일을 꼭 겪어서 얻으라고 말씀드리는 건 아닙니다. 쿨럭.

조금 더 자기계발스럽게 이야기하면 '불행도 요리조리 쓰기 나름'이라는 말인 거죠. 뭐!

'소 잃고 외양간 고친다.'라는 말이 있는데요. 소를 도둑맞은 다음에야 빈 외양간의 허물어진 데를 고치느라 수선을 떤다는 뜻으로 이미 일이 잘못된 뒤에는 손을 써도 소용이 없음을 비꼬는 말이죠. 근데 저는 그 속담에 제 경험을 레이어링해서 쓰고 싶은 메시지가 하나 있어요. 도둑맞은 소 때문에 억울하고 힘들겠지만, 소를 다시 키울 마음이 있다면 소를 잃었어도 반드시 외양간은 고쳐야 한다는 거죠. 그냥 고치는 게 아니라 제대로 고쳐놔야 새로운 소를 또 키워보지 않을까요? 우리의 삶은 아쉽게도 예상치 못한 행운보다 예상치 못한 불행이 더 많잖아요. 어쩌겠어요. 불행은 차분히 받아들이는 거죠. 그다음이 중요하겠죠? 야물딱지게 허물어진 외양간을 고쳐나가고 제2의 성장판을 다시 귀환시킬 수 있는 불행 속에 숨겨진 자산, 히든 에셋을 역으로 활용한다면 마녀님들의 삶에 미라클이라 불리는 순간들이 더 많아질 거예요.

암요! 제가 가진 속눈썹 모두를 걸고 장담해 봅니다. 씨익.

오늘은 어떤 신과 함께?

오늘도 감사하게 눈을 떴네요. 매미 탈피하듯 침대에서 홀랑 빠져나와 물 한잔 딱 마시고 나를 위한 맛있는 커피를 준비하며 하루를 시작하는 건 작지만 매일 행복을 정기구독하는 방법이랍니다. 이번 생에 첫 책을 준비하며 새로운 도전을 하는 요즘, 하루에도 여러 번 신이 다녀가는 순간들이 있어요. 잘 못 느낄 뿐이지 종교가 무엇이든 또 종교가 없다 하더라도 마녀님들도 매일 신과 함께하고 있을 거예요. 오늘 처음으로 만나는 신은 먼저 노트북을 열고 어제 써 내려갔던 '마녀의 조건' 파일을 열면 몇 분 이내로 접신하게 된답니다. 분명 어제 손목이 시큰거리도록 진심을 꾹꾹 눌러 담아 썼던 글들이 왜 다음 날 아침만 되면 말도 안 되는 내용으로 변신해 있을까요. 아이 증말.

자고 있는 사이에 분명 누군가가 제 글에 뭔 짓을 한 게 분명하거나 아니면 태어날 때부터 글쓰기 기능이 유전자에 미포함 된 게 분명한 거죠. 이런 생각들로 머리를 쥐어뜯으며 만나는 신이 바로 '자기 불신'입니다. 오늘 저의 첫 신이죠. 신중에 신! 파멸의 신! '자기 불신'은 제가 책을 쓸 자격이 없다고 귓가에 꽤나 여러 번 속삭입니다. 아나운서 출신인 듯 딕션이 얼마나 좋은지 불신님이 하는 이야기는 그대로 또박또박 심장에 박혀버리죠.

"정말로 유윤주 네가 쓴 글을 사람들이 읽을 가치가 있다고 생각하니?", "서점에 얼마나 좋은 책들이 많이 쏟아져 나오는데 안 그래?"라며 마녀의 조건 파일에 제 집게손가락을 끌고 가서는 곧 삭제 버튼을 누르게 만든다니까요. 그렇게 아침부터 '자기 불신'을 영접하면 자기 불신님은 저를 또 다른 신으로 만들어 줍니다. 바로 '등신'이죠. 풉. 자기 불신의 딕션 좋은 속삭임에 거울 속의 나는 어느덧 등신으로 둔갑 완료! 이제 스스로가 등신 같아 보이기 시작하면 아무것도 더는 쓸 수가 없습니다. 이렇게 연거푸 세 번의 아침을 등신으로 세 번만 둔갑하면 서점에 놓여질 제 책의 자리는 이미 제 마음속에서 "아디오스" 외마디 인사를 남기고 사라지게 되는 거죠. 마녀님들도 종종 파멸의 신 '자기 불신'을 영접하는 순간이 더러 있으시죠? 불신의 저주로 등신으로 둔갑 당했을 때 어떻게 본캐로 돌아왔는지 기억나세요? 저는 이렇게 해봤습니다.

이럴 땐 스스로 혼자 극복하려고 기를 쓰는 것보다 생각을 절단기로 싹둑 자르듯 멈추고 카톡을 열어서 조건 없이 나를 지지하는 누군가에게 휙 어젯밤 쓰다 만 글의 일부를 파일 전송 해버리는 거죠. 그러고는 카톡 창에 1이 사라지길 바라보고 있지 않고 조금 쿨한 척 덮어두는 겁니다. 안 그러면 과도한 긴장감으로 화장실을 계속 들락날락거릴 것 같으니까요. 픕.

"유 작가, 그래서 그다음은 어찌 되는 거야? 빨리 보내줘 궁금해 궁금해."

"너는 참– 말도 잘하고 글도 잘 쓰고 가지가지 하느라 바쁘겠구나!"

"언니 그 책 예약 링크 보내주세요" 등등.

마른오징어가 가스 불에 구워지듯 손가락 오글거림의 부끄러움은 잠시일 뿐 마음속은 따듯한 하트팡팡의 축제로 가득해지죠. 압니다, 알아요! 나를 지지해주는 지지 요정님들의 반응이 순도 100% 진실만은 아닐 거라는 걸요. 근데 말이죠 '자기 불신'을 쫓는 아주아주 용하고 용용한 부적이 되어준다는 거죠. 지지 요정들이 하트팡팡 축제로 '자기 불신'을 훠이훠이 쫓아주고 나면 어느덧 거울 속의 '등신' 같던 모습은 유 작가의 이름으로 스르릉 되돌아온답니다.

좀 더 센 방법도 있어요. 나를 지지하는 강력한 분을 직접 만나

효험한 기를 쫙 받는 거죠. 제겐 이정훈 대표님이라는 턱선이 아주 날렵하고 눈빛 또한 카리스마로 서클렌즈 효과를 뿜뿜하시는 분이 계시는데요. 2주에 한 번 그분과 60분 서초동의 직사각형 책상에서 '자기 불신'을 쫓는 큰 '굿'을 한판 하고 나면 '자기 불신'이 날름 줄행랑을 치고 집필의 신 갓구운 '자기 확신님'이 비로소 강림하신답니다. 그리하여 유윤주를 사랑하고 지지하는 사람들의 부적과 굿 한 판으로 서점에 예쁘게 제 책이 놓일 자리가 다시 생겨나는 거죠. 빙긋.

새로운 도전의 여정은 이렇게 별안간 '자기 불신'이 휘몰아쳐 '등신'으로 만들어버려 주저앉게도 하고 사랑하는 사람들의 힘이 '자기 확신'을 불러들여 든든한 '새 신'을 신겨주고 이 길을 계속 걸어 나가게 하는 것인가 봅니다. 이렇게 반복하며 성장해 나가다 보면 언젠가 저도 '만신'의 경지에 이르러 손끝에서 진정성 가득한 글들이 우르르 쏟아져 나오는듯한 마치 키보드에서 작두 타는 날이 올 테죠? 그럼요. 믿습니다. 마녀님들의 새로운 도전 앞에 '자기 불신'이 엄습할 때면 언제든 펼쳐 볼 수 있는 좋은 부적이 될 책을 포기하지 않고 꼭 만들어 손에 쥐여 드리겠다고 지금 이 순간에도 다짐해봅니다. 불끈.

말 나온 김에 마녀님들도 한번 해보세요. '자기 불신' '등신'을 물리칠 순간이 오면 말예요. 제가 알려드렸던 방법 2가지!

음…. 근데 우리 아빠가 목사님이시고 저는 무늬뿐인 집사여도 집사인데……. 이렇게 부적이 어쩌고저쩌고 굿을 하고 막 이렇게 쓰는 건 좀 거시기한가요? 긁적긁적.

79층 희극체험

오늘은 작정하고 높이 올라가는 날이에요. 대한민국에서 가장 높이 있는 카페를 갈 참이니까요. 바로 시그니엘 서울 더 라운지. 롯데타워 79층에 있는 구름 위에 있는 키가 큰 카페. 잠실은 내비게이션보다 빠삭한 찐 토박이에게도 안 가본 구석이 있다니…. 어디 한번 제가 가보겠습니다. 이 구역은 내 구역이니까…. 하고 만만한 맘으로 나섰지만, 시그니엘 입구 찾아 헤매다가 결국은 안내 데스크의 예쁜 언니 도움을 받아 엘베를 탔어요. 떨어진다니까요, 원숭이도. 나무에서 말이죠. 키득.

시그니엘로 올라가는 엘베 안에서 층별 버튼을 보고 인증샷을 찍는 건 뭘까요. 엘베 버튼이 뭐라고…. 아마도 여느 아파트 엘베에서는 만날 수 없는 층수가 적혀있기 때문일 테죠? 79층 버튼이라니! 굉장히 고속으로 올라가니까 순간 기분이 묘해지면서 마치 인간계를 벗어나 새로운 차원에 도달하는 느낌이랄까요.

슈우우우웅— 79층 드디어 도착. 저기 창가 테이블에서 미소를 머금고 손을 흔들고 있는 79층 마니아 송 대표님의 반가운 얼굴 포착. 오늘은 송. 유 커플 둘만의 데이트죠. 송 대표님과 저는 '예독'이라는 모임을 같이 하고 있어요. 프로 CEO 과정을 함께한 4명의 1인 여성 기업가로 구성된 예독은 '예쁘고 독한 언니들'을 뜻하기는 합니다만 사실 독하지도 않고 예쁘지도 않다는 게 특징이에요. 히죽. 언젠간 우리도 좀 독해지기도 해보고 예뻐지기도 할 그런 날이 오면 좋고, 아니어도 뭐, 우린 좋답니다. 씨익.

잠실 지박령으로 몇십 년을 살아온 아우라가 있지…. 79층 카페에 가더라도 촌스럽게 큰소리로 감탄사 투척하지 말아야지 했거든요? 음, 자리에 앉기도 전에 창가 뷰에 "오오오올" 소리가 즉각 뱉어지던걸요. 흡! 아이스아메리카노 두 잔과 샌드위치를 주문하고는 쉼표하나 찍지 않고 우리는 이야기를 줄줄이 비엔나소시지마냥 이어갔습니다. 얼마 전 두 번째 책을 출간한 송 대표님의 출간 이야기부터 지금 첫 번째 이야기를 준비하고 있는 저의 근황을 나누던 찰나에 커피가 놓였어요. 대리석 테이블에 예쁘게 놓인 커피와 샌드위치는 인증샷을 또 안 찍을 수가 없더라고요. 자연스럽게 행동하려고 했지만 새로운 경험에 적극적으로 반응하는 몸을 막을 수가 없지 뭐예요. 후훗.

음, 79층 커피 맛! 진정한 고산지 원두 맛이랄까요? 해발 2000

m 케냐 커피일 것 같은 이 느낌. 산미는 적었고 딱히 내 취향이 아닌데도 오늘부터 내 취향이라고 우기고 싶을 만큼 있어 보였어요. 크으, 샌드위치도 뭔가 시그니엘 맞춤형 농장에서 직접 재배한 유기농 토마토와 양상추인 듯 아삭함이 한도 초과였다니까요. 맞아요! 순도 높은 분위기 빨 이예요. 인정! 그러다 우연히 빌지에 가격을 보고는 아껴먹게 되더라고요. 켁! 가격이 79층만큼 높디 높……. 뭔가 가격만큼은 꼭 뽑고 가야겠다는 생각이 들어서 커피도 리필하고 럭셔리한 화장실도 세 번 다녀왔습니다. 아하하. 시그니엘에서의 왜곡된 2시간은 마치 순삭 20분처럼 느껴졌어요.

79층에서 한눈에 내려다보는 서울의 모습은 마냥 평온해 보이고 더없이 그림처럼 예뻤습니다. 도로 위를 내달리는 차들의 움직임조차 졸졸 흐르는 시냇가의 물줄기같이 유유히 느껴지더라고요. 아마도 도시가 만들어내는 소음이 들리지 않으니까 더 그렇게 와닿는 것 같아요. 저 많은 건물 사이에서 복작복작, 울고 웃으며, 나는 지금 내려다보는 풍경의 한 퍼즐 조각으로 살아가고 있구나! 라는 생각이 내려앉았습니다.

그리고는 귀여운 찰씨 아저씨가 생각났어요. 무성 코미디영화를 하나의 가치 있는 예술로 승화시킨, 지금까지도 인플루언서인 찰리 채플린 아저씨. 찰씨 아저씨는 좋은 말을 하도 많이 해서 명언들이 가드드득하지만, 그중에 시그니엘 라운지와 어울리는 명언이라면 아마도 이 말이 아닐까 싶어요.

'인생은 가까이서 보면 비극이지만 멀리서 보면 희극이다.'

'인생의 비극과 희극 사이는 79층 차이 아닐까요. 찰리 채플린의 희극 체험은 시그니엘 서울 더 라운지에서!' 오, 롯데 홍보를 얼결에 하게 되다니……. 홍보도 해줬으니 롯데에서 제 책 좀 사줬으면 좋겠네요. 씨익.

우리의 삶 또한 1층에서 가까이 보이는 모습 하나하나만 뜯어보면 힘들고 복잡한 일 투성이겠지만 79층에 올라와서 한눈에 내려다보는 모습은 더없이 예쁜 그림일 거예요. 그러니까 지금 눈앞에 생생하게 보이는 삶의 조각이 아프고 힘겹더라도 그건 1층에서만 봐서 그런 거겠죠? 마녀님들. 79층 희극 체험 한번 해보세요. 씨익.

아. 79층 가셔서 메뉴 주문할 때 파스타는 비추입니다. 맛이 없대요! 송 대표님이요.

화장대 비우는 날

일 년에 몇 없는 날이 바로 오늘입니다. 마음먹고 화장대 비우는 날! 따로 계획하에 이루어지는 건 아니고 뭔가 필이 딱 꽂히는 날에 이루어지기 때문에 그날이 언제가 될지는 도통 종잡을 수는 없지만, 하여튼 치우는 게 어딥니까! 그죠?

일단 준비물은 '쓰레기통'과 '과감한 마음' '경쾌한 손목 스냅' 그리고 숫자를 감별할 '약간의 시력' 정도 되겠습니다. 자, 그럼 어디 한번 비워볼까요? 1m 남짓의 직사각형 화장대 안에 숨 막히는 밀도로 빼곡히 놓인 화장품들은 출근길 지하철 2호선을 떠오르게 하네요. 풉! 뭐가 많기는 많아요. 출근길 지하철 자리는 양보해도 아침 세안 후 기초제품 촉촉하게 바르는 건 결단코 양보 못 하는 저는 우측 하단 한켠에 소중한 기초제품들을 먼저 무리 지어 놓아 봅니다. 그리고 그 뒷켠에 키가 큰 헤어 제품들을 든든한 병풍마냥 세워 놓고 갑자기 거울을 닦습니다. 아니 매일 거울을 들여다보며 화장을 해왔건만 그간 보이지도 않던 거울에 얼룩들은 언제 이렇게 돋아난 걸까요. 희한하네. 거울을 닦아 놓고 보니 화장대가 한결 청량해졌네요. 하하. 그러니까 말이에요, 일상 중 당연히 반복하는 것들 가운데도 역시 작정하고 보아야 보이는 것들이 있는 모양이에요.

다음 차례는 얼굴에 정교함을 그려 넣는 브러쉬들을 왼손에 가득 쥐고 꽃꽂이하듯 키를 맞춰 오른손으로 하나하나 브러쉬 통에 꽂아 넣는 거죠. 브러쉬들의 들쑥날쑥함이 잦아들고 나니 막상 비운 건 아직 하나도 없지만, 화장대에 질서가 조금은 깃든 모습입니다. 브러쉬 통 앞에 화장 솜과 면봉 케이스도 놓아볼게요. 오잉? 순백의 동그란 얼굴을 자랑하는 면봉들 가운데 거뭇거뭇한 얼룩 복면을 쓴 면봉들이 잠입해있네요. 아마도 마스카라를 바르고 눈 밑에 찍힌 잔해들을 지우려 사용했던 것들 같은데 쓰레기통에 버리지 않고 도로 쌓아두는 건 저만 그런 건 아니겠죠? 골라내보니 4개나 됩니다. 드디어 첫 쓰레기통 행 당첨! 안녕, 잘 가!

다음 차례는 허락 없는 불청객인 기미, 잡티들의 존재감을 조절해주는 기특한 비비 펙트와 파우더들을 비워볼까요. 이상하게 사용하는 건 딱 한 가지인데 그 밑에 층층이 몇 개나 쌓여있어요. 선물받고 안 쓰는 것들도 있고 1+1 프로모션의 기회를 놓칠 수 없다며 쟁여놓고 손길 한번 주지 않은 소외당한 존재들도 있어요. 아, 이건 친구들에게 무료 분양해도 좋겠다는 생각에 서랍을 열고 얌전히 놓아줍니다. 부디 좋은 주인 만나서 다시는 소외당하지 않길 바래봅니다.

자, 이번에는 저의 메이크업의 주력 포인트! 가장 정성들여 한 올 한 올 바르는 마스카라 차례입니다. 마스카라 욕심이 얼마나 대단한지 다섯 개나 된답니다. 왜 다섯 개나 구매했냐고 물으신다면 마스카라도 다 기능이 있잖아요. 어떤 건 컬링에 진심이고 어떤 건 볼륨에 진심이고 등등…. 요모조모 다 누리고 싶은 마음에 다섯 개나 소장하게 되었지만, 뚜껑을 열어보니 이미 꾸덕꾸덕 떡이 되어서 사망한 마스카라 2개, 내 속눈썹들과는 영 케미 안 맞는 마스카라 1개, 고조선 때부터 있었던 거 같은 오래된 마스카라 1개, 결국 하나 남겨두고 미련 없이 쓰레기통 행 잘 가렴!

이제 골칫거리 아이섀도 군단 차례군요. 어허허. 얘네들은 체력이 약해서 퍽 하면 깨지고 부서지고, 지금도 화장대 바닥에 여기저기 달라붙어서 반짝거리기도 하고 얼룩 거리기도 합니다. 마녀님들도 여러 종류 가지고 있으시죠? 팔레트 형식으로 있는 것도 있고 컬러 하나만 따로 되어있는 단품도 있고 그래서인지 화장대 점유율이 높은 거 같아요. 사실 다 사용해서 버리는 것보다 깨지거나 맘에 드는 특정 컬러를 다 써서 팔레트가 힘을 잃어버리는 경우가 흔하죠.

또 가루 날림이 심하거나 발색이 부실하면 화장대 전시 소품용으로 사용되고 끝나는 거죠.

이럴 때 필요해요. 앞서 말씀드린 준비물 리스트에서 '과감한 마음' 말입니다. 솔직히 스스로는 알잖아요. 앞으로도 안 쓸 것이라는 것을…. 과감하게 쓰레기통으로 냅다 슈웅! 그 덕에 화장대에 꽤 여유가 생깁니다. 안녕, 잘 가!

마지막 엔딩은 마녀님들이 예상한 대로 립메이크업 군을 비워보죠. 질감에 따라 비슷한 컬러도 여러 종류로 소장 가능하다는 장단점을 두루 갖추었죠. 브랜드마다 핑크 컬러도 부르는 이름이 다르고 컬러감도 다르고 글로시하냐 메트하냐, 펄감이 있냐 없냐, 베이스 컬러냐 포인트 컬러냐 등등…. 이러한 이유로 립메이크업 군은 따로 큼지막한 정리함을 가지고 있을 만큼 수량적으로 우세해요. 자, 투명한 립메이크업 정리함을 와르르 뒤집어엎었습니다. 아 언제 구매한 건지 기억에도 없는 애들도 있고요, 립스틱이 쉬기도 하나요? 시큼한 냄새가 나는 애들도 있고 반건조 감말랭이처럼 반은 말라 있는 애들도 보이네요.

자, 이제는 정확한 진단을 위해 제품에 좁쌀만 하게 적혀있는 유통기간을 확인하기 위한 약간의 시력이 필요한 순간이죠. 으악!

묵은지도 아니고 3년 묵은 것도 있고 5년 묵은 발효된 제품들을 왜 고이고이 끌어안고 있었을까요? 이럴 때 필요한 준비물은 '경쾌한 손목 스냅'입니다. 경쾌하게 쓰레기통을 향해 손목을 딸각! 골인입니다.

쓰레기통에 우르르 버려지는 립스틱을 바라보면서 '내가 만약 립스틱이었다면 버려지는 이 마당에 무슨 생각이 들었을까?' 하는 생각이 들더라고요. 내가 만약 립스틱이라면……. 음, 립스틱의 마음으로 빙의해보니 '마냥 묵혀있다 사라지는 것보다 많이 쓰이고 닳아서 없어지는 것을 원했겠구나.'라는 마음이 들지 뭡니까. 립스틱이 말을 할 줄 안다면 한 맺힌 억울함을 버려진 쓰레기통 안에서도 계속 토로하지 않았겠나 싶어요. 흣. 그러니까 말입니다. 하물며 립스틱도 그런데 말입니다.

우리가 가지고 태어난 달란트를 꺼내 보지도 않은 채 묵히고 살아간다면 얼마나 아깝고 후회스러울까요! 사용하지 않아 녹슬어 버리는 것이 닳아 없어지는 것보다 더 슬픈 일이잖아요. 세상에서 제일 슬픈 일 중 하나가 아닐까 합니다. 가지고 있으나 사용하지 않아 녹슬어 버리는 나의 것들. 오늘은 잠깐 마녀님들의 달란트가 녹슬어 버리고 있지는 않은지 둘러볼 일입니다. '사용하지 않아 녹슬어 버린 나의 달란트들은 무엇일까?' 묻고 답해보기!

아…. 화장대에 있는 거 너무 버렸나 봐요, 허, 허전하네요…. 아

그렇다고 또 사겠다는 건 아니고요. 그냥 그렇다고요.

첫 국밥 입문기

초육동물! 이제 13년째 생을 살고 있는 둘째 딸 별이의 인생 첫 국밥 입문기가 시작되었습니다. 살아가면서 스스로를 응원하고 위로할 때 찾는 힐링 푸드가 있는 건 참 좋은 거 같아요. 제게 뜨끈한 국밥이 힐링 푸드가 된 때는 우울증을 앓던 2020년이었죠. 그 후로 지금까지 쭉 국밥 테라피를 스스로에게 처방하고 있습니다. 그래서 일까요. 특히나 음식에 진심이고 요리에 관심 많은 별이에게 엄마의 국밥 세계를 알려주고 싶더라고요. 엄마의 힐링 푸드를 소개하겠다는 제안에 별이의 첫 반응은 시큰둥했는데요. 이유인즉슨 국밥의 이미지 때문이더라고요. 국밥은 아저씨들이 좋아하는 그런 거 아니냐는 거죠. 흠.

"별아, 주로 사람들은 힘들 때 술을 마신다? 근데 엄마는 그럴 때 국밥을 마셔! 별이 국밥 테라피라고 알아?" 조금 전까지 국밥 이미지가 어쩌고 하던 녀석이 테라피라는 단어에 뭔가 있어 보인다며 국밥에 입문해보겠다는 겁니다. 역시 단순한 초육동물인 것인가! 풉.

그리하여 별이가 첫 입문할 국밥 메뉴로 깔끔하고 시원한 김콩을 골랐습니다. 뜨끈한 콩나물국밥에 잘 익은 김치 총총, 감칠맛 나는 오징어 송송한 김콩! 그 위에 계란 탁! "엄마! 이래서 티비에서 뜨끈한 국밥 한 그릇 든든하게 하라고 말하는구나!"라며 별이는 가뿐하게 엄지를 척 들어 올려주었죠. 내가 직접 만든 것도 아니고 추천한 음식을 먹고도 이렇게 좋아하다니 그렇다면 "별이를 위해 엄마가 뚝배기 사서 집에서 만들어 줄까?"라는 말에 별이는 "우리 집은 그냥 우리 집으로 남겨두자! 국밥집 말고…." 거절도 라임을 맞춰서 하다니. 감각적인 거절이었죠. 역시 제 딸이 맞는 거 같아요. 풉.

일주일 후 우리의 두 번째 국밥 메뉴는 새벽 뼈해장국으로 결정했습니다. 새벽 뼈해장국은 제가 비공식적으로 홍보대사 활동을 할 만큼 최애 국밥이죠. 얼마나 맛있는지 지금도 이 책장에 위치 링크를 첨부하고 싶은 마음이 가득하네요. 별이와 마주 앉아 힐링 푸드를 기다리는 이 순간도 이미 맛있습니다. 다른 뼈해장국과의 차이점은 아주 개운하고 깊은 국물 맛과 어금니가 저작 활동을 게을리해도 좋을 만큼 보들보들한 살코기 두둑 그리고 뼈 사이사이의 말랑한 고소함이 가득 차 있죠. 아, 묘사하다가 반사적으로 침이 또 숫숫합니다.

태어나서 처음 먹어보는 뼈해장국의 뼈를 놀랍게 발골하는 별이의 실력에 감탄했지 뭡니까. 젓가락으로 고기를 집어내는 저와 달리 별이는 엄지, 검지를 현란하게 사용하더라고요. 우리 딸의 숨겨진 재능을 또 하나 발견하는 순간입니다. 뼈 발골 기술! "엄마! 콩나물국밥이 10점 만점에 8.5점이라면 새벽 뼈해장국은 10점 만점에 10점이야" 아, 제가 왜 국가고시에 합격한 느낌이죠.

뿌듯했습니다. 계산대에 이르렀고 이 기쁨을 당연히 나눠야 했어요. 누구랑요? 수수한 차림의 새벽 뼈해장국 여사장님과요. "사장님, 열세 살 된 제 딸이 태어나 처음으로 뼈 해장국을 먹는 날이 오늘이거든요. 10점 만점에 10점이래요. 완벽하다네요!" 사장님은 "10점 만점이요? 기분 좋네요"라고 말씀하셨고, 손뼉을 치며 뼈해장국 입문을 축하해 주셨습니다. 그리고 또 오라는 말씀을 함박웃음을 지으며 건네셨어요. 집으로 돌아오는 길에 별이가 묻더군요. 왜 창피하게 여사장님께 자기 점수를 다 말했냐고 말이죠.

"별아! 맛있는 해장국 먹으니까 기분이 어땠어? 그 기분을 말씀드리니까 그 사장님 어때 보였어?" 해장국에 행복해하는 별이 모습 보니까 엄마는 너무 좋더라. 해장국 만드신 분에게 이 행복을 전달하면 그분도 함께 행복해질 것 같아서 그랬지!" 별이가 천천히 고개를 끄덕이더라고요. 3일 후 별이는 새벽 뼈해장국에 또 가자고 노래노래를 불렀고 가는 내내 이번엔 더 맛있게 먹을 수 있다며 맛있는 각오를 다지는 모습이 마냥 귀여웠어요.

이상하게 그날은 손님이 아무도 없었습니다. 평소에도 맛에 비해 입소문을 못 타고 있는 게 안타깝긴 했지만 이렇게 아무도 없었던 적은 처음이었거든요. 손님이 있든 없든 우리는 신나게 뼈해장국을 즐겼고 별이는 명랑하게 공깃밥 추가를 외쳤습니다. 또 계산대에 이르렀죠. 계산하는 여사장님의 뒷모습이 좀 차분해 보였고 저는 두 번째 먹방을 마친 별이의 소감을 또 전달했습니다. “사장님. 오늘도 10점 만점의 10점! 역시나 완벽했다네요” 방긋. 옆에서 별이도 잽싸게 엄지를 척 올려드렸죠. 오잉? 갑자기 사장님은 별이 손을 두 손으로 감싸 안으며 아련한 눈빛으로 “오늘 장사 망친 것 같아 우울했는데 정말 감사해라! 갑자기 막 힘이 솟네요.” 입가심하라며 사탕 한 주먹을 별이 주머니에 넣어주시는데 코끝이 시큰시큰하더라고요.

인생 첫 국밥 입문기 중 만난 맛있는 새벽 뼈해장국! 그리고 별이의 계산대 식후인사 전달하기! 첫 번째 별이의 10점 만점은 여사장님에게 함박웃음을 선사했고 두 번째 별이의 10점 만점은 여사장님에게 반창고가 되어주었던 게 아닐까요! 음……. 내가 힘들 때 따끈한 국밥이 테라피였듯이 진심을 담아 건넨 식후인사 한마디도 테라피가 될 수 있겠구나.라는 생각이 들었죠. 이를테면 국밥테라피! 함박웃음테라피! 반창고테라피! 이런 테라피말이죠.

우리가 서로에게 테라피가 되어줄 수 있다니. 멋진 일이죠. 아, 그간 수없이 나눠왔던 습관적 인사 속에 저는 함박웃음과 반창고를 왜 꺼낼 생각을 못 했을까요. 함박웃음과 반창고를 돈을 주고 갖춰야 하는 것도 아닌데 말이죠. 이런 걸 아껴서 뭘 하나요. 마녀님들 우리 아끼지 말고 서로를 위한 테라피 팍팍 써보자고요. ^^.

그나저나 세 번째 국밥 메뉴는 어디로 가야 하나……. 순대국밥? 좋았어!

건조기에게 공식 사과

매년 장마 때마다 하는 제철 고민이 있어요. 바로 건조기를 사느냐 마느냐?! 세탁기에 건조기능이 있긴 하지만 좀 부실해서 잘 안 쓰게 되더라고요. 전기세도 많이 나온다고 하고 시간은 왜 그렇게 오래 걸리는지…. 성격 급한 사람들은 있어도 못 쓰는 기능이죠. 하여 몇 번의 장마철 고민을 거쳐 드디어 큼지막하고 일 잘하게 생긴 녀석으로다가 건조기를 들였습니다. 건조기의 버튼을 꼭 눌러야만 비로소 건조기가 작동하는 건 아닌가 봅니다. 건조기 결재를 하고 난 다음부터 아직 건조기가 집에 배송되지도 않았는데도 우리 집 빨래는 왜 한결 뽀송뽀송해진 걸까요. 진짜냐고요? 그렇다니까요! 심지어는 제 마음도 뽀송뽀송해지고 있다니까요. 건조기가 최신 요물입니다. 요물! 음하하하.

드디어 건조기가 다용도실 터줏대감 세탁기 위에 자리를 잡았습니다. 크~ 세탁기와 건조기를 차곡히 쌓아놓고 지긋하게 바라보니 건물주 마음이 이런 걸까 싶더라고요. 심히 보기 좋았습니다. 어디 가서 남편 자랑도 뭐 살살하는 편이긴 하지만요, 우리 집 건조기 자랑은 꽤나 그날 이후부터 들이대게 되더라니까요.

"아니, 얘가 너무 성실해! 너무 건조해! 그냥 사하라 사막이야!"

기대한 만큼의 이상을 해내는 녀석이 든든하기까지 했으니까요. 갓구운 빵보다 갓구운 빨래가 얼마나 행복한지, 뽀송뽀송한 나날들을 그렇게 보내고 있었죠. 그런데 한 달쯤 다 되어서 말입니다. 한창 뽀송라이프를 누리던 중 이 녀석이 이상한 결과물을 토해놓기 시작했습니다. 갓구워진 빵 같은 옷들이 아니라 눅눅하고 시큼시큼한 냄새가 나는 옷가지를 내놓기 시작하는 거예요. 음…. 얘가 과로해서 실수를 한 건가…. 라고 기계지만 나름 이해해주고 싶었어요.

이해해보려고 노력은 했지만 그렇다고 가족들에게 눅눅하고 시큼시큼한 옷을 계속 입힐 수는 없잖아요. 이런 옷을 계속 입다간 겨드랑이에서 곰팡이가 모락모락 피어날 것 같은 느낌이 들어 못 입겠더라고요. 이것저것 버튼도 막 눌러 보고 건조시간도 늘려 보고 건조기 강도도 높여보고 섬유유연제 시트도 증량해서 넣어보고……. 할 수 있는 건 다 해봤다니까요. 그러나 건조기의 병세는 묵묵부답 나아지지 않았어요.

우리 집 자랑거리에서 구박데기로 전락한 건조기란 녀석. 한 달밖에 일을 안 했는데 너는 도대체 왜 그러느냐는 둥 니네 엄마가 그렇게 가르쳤냐는 둥 역시 LG 가문이 아니라 삼성 가문을 데려왔어야 한다는 둥 그러다가 한 대 툭 때려보기도 하고 그러다가 결국 AS 센터에 전화를 걸었습니다. 짧지 않은 대기시간 후 연결된 상담사분께 건조기 상태를 말씀드렸고, 그동안 얼마나 불편했는지를 흐느끼며 호소했죠. 상담사님은 불편 끼쳐 죄송하다며 연신 사과의 말씀을 하시더군요. 당연히 전화로 고칠 수는 없으니 AS 기사님을 배치하겠지만 며칠을 기다려야 한다는 이야기에 양껏 짜증 어린 대답을 끝으로 전화를 끊으려던 찰나였어요.

"저기요 고객님, 혹시 먼지망은 비워보신 거죠?"

음…. 으응? 먼지망? 그 녀석한테 그런 부록이 있었어? 머릿속이 먼지망의 기억을 찾느라 뒤엉킨 틈을 타고 들리는 안내 멘트는 "먼지망이 가득 차서 그럴 수도 있으니 확인해 주세요." 음……. 전화를 끊고 머쓱한 발걸음으로 건조기에게 직진했습니다. 정말 이상한 일이죠? 건조기 입구에 그간 눈에 안 띄던 작은 손잡이가 볼록 솟아있는 거 있죠. 손잡이를 위로 올렸더니 직사각형의 큰 망이 딸려 올라왔는데요, 그 큰 망의 모든 미세한 구멍을 온갖 먼지들이 힘을 합쳐 다 막고 있더라는 거죠. 그 즉시 질식사 직전의 먼지망의 숨통을 확 트여주었습니다. 그래서 어떻게 됐냐고요? 어떻게 되긴요. 먼지망은 시원하게 살아나고 저는 민망함에 먼지로 변해버리고 싶었죠, 뭐. 아. 아. 증말.

얼마나 얼마나 욕을 했는데 말이죠. 그걸 다 듣고 있던 건조기는 얼마나 기가 막혔을까요. 아 진짜 설명서 좀 읽을걸…. 건조기에게 머쓱하게 사과했고 상담원님께는 무척 미안했고 AS 기사님도 얼른 예약 취소하는 여러 뒤처리로 바빴죠. 음…. 사실 평소에 제 생각은 LG 생활가전과 삼성가전은 우리나라를 대표하는 기업이 맞고 둘 다 참 훌륭하다고는 늘 생각하고 있었답니다. 진짜예요. 아하하

하여튼 우리 씩씩한 건조기는 먼지망의 숨통을 틔워주자마자 갓 구운 빨래를 다시 안겨주었죠. 지금도 퇴근 안 하고 일하고 있는 성실한 우리 집 건조기 너란 녀석. 이번 에피소드를 겪으면서 무슨 생각 했게요? 아…. 그러니까 눈에도 안 띄는 먼지망이 정말 중요한 거구나. 그렇게 몸집 크고 성능 끝내주는 최신버전 건조기도 먼지망이 다 차면 결과물이 다 망가지는구나. '먼지망을 잘 비워줄 것! 꼭!'이라는 실질적 교훈과 함께 "아니, 근데 나는 내 먼지망 잘 비우고 있나?"라는 갑작스러운 물음표가 머리 위에 물음표로 꽃밭을 펼치더란 말이죠.

매일 해야 할 일 하고 나름 바쁘게 사는데 뭔가 만족스럽지 않다

고 계속 지쳐가는 내게 파이팅만을 목 터지게 외칠 것이 아니라, 먼지망 좀 꺼내서 비워줘야 하지 않나? 싶더라니까요. 마녀님도 제때제때 스스로의 먼지망 잘 비우고 계시나요?

아, 근데 먼지망이 어디에 있는 건가요? 먼지망을 어떻게 비워야 하는 거죠? 건조기가 돌아가는 동안 차근차근 잘 생각해볼 일입니다. 씨익.

나는야 진정한 금수저

제목만 보고 재수 없다고 생각하셨다면 일단 살짝 진정하시고 읽어보시죠. 오히려 뜻밖의 생각을 줍게 될 수도 있으니까 말이죠.

얼마 전 등에다가 50개의 미세한 칼집을 내게 되었어요. 그리곤 50개의 시약을 바르게 되었고 20분이 지난 뒤 무엇에 반응했는지 동그라미로 체크를 당했죠. 봄, 여름, 가을 삼계절 꽃가루 알러지 6단계, 고양이, 개. 말 알러지 6단계, 먼지 알러지 6단계, 우유 알러지 6단계 등등….이런 타고나도 너무 타고났더라니까요. 제가 바로 TV에서만 보던 금수저였어요. '알. 러. 지. 금. 수. 저'

알러지 단계가 1단계~6단계까지 있거든요. 근데 MAX 6단계가 춤을 추는 검사결과지였습니다. 본격적으로 노화와 더불어 시너지를 내서 그런가 이 비염 때문에 컨디션 좋은 날을 손에 꼽게 만들지 뭡니까. 몸에 염증이 계속 있다는 게 당연히 정상이 아닌데도 이게 익숙해지니까 하나의 장기처럼 받아드리며 살았는데 말이죠. 구석구석 몸을 갉아 먹고 있었다니…. 아, 이제 정말 몸을 돌보고 건강하게 살려면 알러지 반응을 일으키는 것들을 차단해야겠다고 마음 먹으려던 순간 한 단어가 팝업창처럼 팡-하고 튀어 올랐어요. 바로 '고양이'였습니다. 고양이? 그래요! 고양이. 고양이. 고양이!!! 지구상에 털 달린 동물들을 꽤나 좋아하지만, 그중에 가장 사랑하는 동물. '고양이 6단계'라는 결과에 주변이 온통 깜깜해졌습니다.

제게는 잠만보라는 8살 된 스트릿 출신의 조선 고양이가 한 마리 있거든요. 만보가 4살쯤으로 추정되던 그해, 이른 한파에 패딩을 부지런히 꺼내입던 11월 31일 날이었죠. 버려진 집고양이가 공원 벤치 옆 상자 안에서 덜덜 떨고 있다는 유기묘 카페 게시글에 유난히 눈길이 머무르게 되었습니다.

다른 품종묘들의 글에는 "좋은 주인 빨리 만났으면 좋겠어요"라고 댓글만 달던 제가, 만보의 소식에는 "제가 그 녀석의 집사가 되겠습니다."라고 선뜻 댓글을 달았어요. 그렇게 운명처럼 만보의 집사가 되었죠. 나중에 아주 나중에 천국에 갔는데 그곳에 만보가 없다면 이곳은 진짜 천국이 아니라며 신께 손해배상 청구를 할 정도로 만보는 순수한 행복 그 자체입니다. 이런 만보를 알러지 때문에 차단해야 한다니요. 이건 비열한 신의 반칙 아닌가요? 엉엉.

"고양이만은 안 돼요. 선생님"하고 말씀드리는 순간, 검사결과지를 보시던 이비인후과 선생님은 이런 처방을 하셨습니다.

"반려묘가 있으시군요! 환자분의 건강을 생각해서 고양이를 멀리 보내라고 말씀드리고 싶지만, 반려묘와 함께 잘 살아가고 싶으시다면 비염약도 드시면서 면역을 올리는 습관을 만드는 것이 중요합니다."

그렇게 비염약을 받아 들고는, 체질도 아이큐도 성격도 돈도 타고날 수 있는데 하필 그 많은 금수저 중에 왜 '알러지 금수저'를 타고났냐며 투덜거리기 시작했죠. 그러던 찰나 '어쨌거나 뭐 금수저는 금수저잖아!'라는 엉뚱한 생각이 들었습니다. 어차피 반품할 수 없는 금수저라면 어떻게 사용해야 금수저다울까? 음…. 집으로 돌아오는 내내 알러지 금수저 사용법에 대한 갖은 생각에 머릿속이 말풍선으로 가득했죠. 음, 그런데 병원 처방에 이미 알러지 금수저의 기특한 사용법이 숨겨져 있더라고요.

선생님 처방대로라면, 알러지를 컨트롤 할 '면역을 올리는 습관을 가지는 게 중요한 사람'인 거잖아요. 바꿔말하면, '습관 만드는 일에 진심일 수 있는 조건을 가지고 태어난 사람'. 조금 더 긍정톤으로 톤업하면, '습관 빌딩이 내 특기가 될 수 있는 확률이 높은 사람' 이렇게도 바꿔 말할 수 있겠구나 싶더라니까요.

아니, 잠깐만 이렇게 달라진다고? 오호. 알러지 금수저! 너-어 그런 기특한 사용법이 있던 거였어? 역시 금수저는 금수저 맞네!

맞아. 역시 '무엇이냐'보다 '어떻게 사용할까'가 더 중요한 거 아니겠습니까!

우리 마녀님들은 무슨 금수저 들고 태어나셨을까요? 헤헤.

도와주고 싶어

초등학교 3학년이었어요. 인생에 있어 첫 장례식을 주관하게 됐습니다. 여느 때와 같이 학교가 끝나고 집으로 돌아오던 여름날. 아파트 단지 312동 앞에서 눈이 반쯤 감긴 채 쓰러져있는 작은 쥐 한 마리를 우연히 만났습니다. 제게 친근한 우리나라 쥐 중에는 동화책에서 만난 서울쥐, 시골쥐도 있고 미국 쥐 중에는 미키마우스도 잘 알고 있는 터라 축 처져 있는 녀석을 그냥 지나칠 수가 없었죠. 그 작은 친구를 치료해주기 위해 집으로 데려오면서 겪은 어마어마한 동심 가득한 이야기랍니다.

아픈 녀석을 조심히 안고 와서 책상에 스케치북을 펴서 눕히고는 녀석의 상태를 진료하기 위해 스텐드를 기울여 비추며 살펴봤죠. 코는 벌름거리고 있었지만, 눈은 많이 감겨있었고 일단 좀 몸이 더럽더라고요. 일단 씻고 나면 좀 나아질까 싶어 서둘러 세면대에 목욕물을 받으러 갔죠. 목욕물을 따끈하게 받아 놓고 서둘러 돌아와 녀석을 옮겨주려는데 몸에서 깨알보다 작은 빨간 벌레들이 스케치북으로 스륵스륵 기어 나오고 있더라고요. 3학년인 유윤주가 보기에는 이 빨간 벌레들이 쥐를 깨물고 괴롭혀서 녀석이 길에 쓰러진 것이라고 진단하게 된 거죠. (나중에 알게 된 사실인데 그 빨간 벌레군단은 바로 쥐벼룩이었더라고요.)

그렇다면 어서 빨리 벌레들을 물리쳐서 녀석이 나을 수 있도록 해줘야 한다는 정의로운 생각에 거실로 나가 잽싸게 에프킬라를 비장하게 들고 왔습니다. "언니가 곧 치료해줄게. 걱정하지 마"라고 외치고 녀석의 온몸에 에프킬라를 치—이—익 흠뻑 흠뻑 뿌려 주, 주, 주었…습니다. 제가 생각해도 좋은 치료법이라 생각한 터라 흐뭇한 미소로 지켜보던 중 녀석이 찌—익, 찌—익 비명을 지르며 몸을 꽈배기인 듯 비틀더니 이내 꽥 죽어버렸어요. 흑흑. 뜻밖의 전개에 충격을 폭식하고는 정신이 멍해졌죠. 빨간 벌레를 죽여주려고 했는데 쥐까지 죽을 거라고는 생각을 전혀 못 했거든요.

당황한 저는 정지상태로 1분간 있다가 이내 큰소리로 울음을 터트렸고 울음소리에 달려와 이 광경을 마주한 엄마도 우렁찬 비명을 지르셨습니다. 그래서 어떻게 되었냐고요? 쥐도 죽고 저도 엄마 손에 죽을 뻔했죠. 지금 생각해보니 쥐약을 먹고 쓰러진 쥐를 치료해주겠다고 데려와서 에프킬라를 뿌려서 안락사를 시켜준 꼴인데…. 아! 안락사가 아니군요. 쥐는 안락하게 죽은 게 아니라 극심한 고통사를 하게 된 거네요. 이런…….

동생을 불러 나름 진지한 상의 끝에 조촐한 장례식을 치러주기로 했습니다. 우리 집은 기독교인 관계로 교회장으로 하기로 하고 장난감 상자에 수건을 깔고 쥐를 눕히고는 제가 좋아하는 사탕 두 알을 옆에 놓아주었습니다. 그리고 우리는 아파트 뒤 화단으로 향했죠. 동생과 어린이 찬송가도 한 곡 불러주고 주기도문도 외운 후 잘 묻어주고는 나무젓가락으로 만든 십자가도 무덤에 꽂아 주었습니다. 에프킬라 범벅인 그 녀석이 하늘나라에 잘 갔기를 바랬죠.

시간이 흘러 생각해보니 말이죠. 선한 의도로 쥐에게 베푼 친절로 오히려 쥐는 더 고통스러운 죽음을 맞이하게 되었다는 거죠. 그 당시에는 정말 몰랐죠. 오지랖 넓은 선한 의도가 독이 되었다는 것을…. 오래전에 하늘나라에 간 쥐가 하늘에서 보고 얼마나 저게 쌍욕을 날리고 있을까요. 끙.

그러나 저는 지금도 여전히 종종 에프킬라를 뿌리는 일이 있는 거 같아요. 상대를 배려한다고 제 딴에 선한 의도로 베푼 친절이 오히려 오해를 빚기도 하고 상대에게 불편함을 주는 일들이 있으니까요. 도움의 손길에도 설명서가 있다면 좋을 텐데 하는 생각을 하곤 합니다. 선한 의도로 한 일이라고 선한 결과만을 만드는 게 아니니까요! 선한 의도가 담긴 도움의 에프킬라를 일단 내려놓고 내가 도움을 주어도 되는지 어떤 도움들이 필요한지를 다정하게 묻는 게 먼저 아닐까 해요. 안타까운 마음에 또 상대를 아끼는 마음에 눈에 보이는 솔루션을 막 퍼부어 주고 싶고, 성급한 액션을 취하고 싶겠지만 때로는 가만히 곁을 지켜주는 것, 후련하도록 이야기를 들어주는 것이 더 도움이 될 때가 있으니까요. 그죠?

그나저나 초3 유윤주는 에프킬라 사건 그 후에도 다리 다친 비둘기도 데려와서 인공 다리를 만들어 준다고 나무젓가락 감아주어 고생시키고, 병아리가 감기에 걸렸다고 감기약을 먹여 하늘나라 보내기도 하고, 침대에서 데리고 자다가 압사시킨 토끼에게 심폐소생술을 하기도 하고…. 음. 어린 유윤주의 무시무시한 친절로 인해 하늘나라로 부지런히 간 녀석들에게 미안하다고 정말 몰라서 그랬다고 다시 한번 사죄로 그라데이션한 변명을 해보는 밤입니다.
선한 의도의 에프킬라! 마녀님들도 사뿐히 내려 놓아보시죠!

층간소음 말고 열간 소음

7시간 쭉 논스톱으로 다양한 분야별 6명의 강연가가 들려주는 펄떡이는 활어 같은 강연을 한 자리에서 만날 수 있는 특별한 콘서트! 책과 강연의 '올데이 콘서트'가 있는 날이 바로 오늘이죠. 몸살 기운이 침대에 계속 누워있기를 강력하게 권장했지만 맛있는 캡슐 커피 한 잔이 주는 반짝 각성에 기운을 챙겨 분당 청소년수련관으로 젖은 이불 같은 몸을 옮겨놓기로 했죠. 오우, 날씨까지도 올데이 콘서트를 응원하는 듯 칭칭 감고 나온 목도리가 민망할 정도로 온화한 겨울 날씨군요.

이미 2시간은 지각이니까 남은 강연을 아주 알차게 듣겠노라는 각오를 삼키며 드디어 강의장에 도착했습니다. 안내를 받아 강연장 중앙 오른쪽 끝자리에 살금살금 무사 안착. 무대에는 TV 중개로 보던 한판승의 사나이 금메달리스트 이원희 선수님이 열정을 마구마구 흩뿌리고 있기에 순간 숨죽이고 쏘옥 집중하게 되더라고요.

사실 공복에 커피 한 잔만 걸치고 나온 터라 강연장으로 향하는 내내 강연 중에 배고프면 어쩌나를 살짝 염려했는데 강연장의 분위기에 완벽 흡수되어 저녁 6시까지 배고픔을 싹 잊었다니까요. 인간의 5대 욕구 중 가장 강력한 식욕을 지성이 이길 줄이야. 역시 저는 지성인 맞았습니다. 맞죠?

어느덧 40대 중반인 이원희 전 국가대표님의 금메달 뒷면에 있는 그림자 같은 이야기를 들으니 금메달의 성분은 금이 아니라 임계점의 무한 확장이라는 것이 확 느껴지면서 스스로 국가 대표의 꿈을 꾸지 않은 것이 얼마나 다행이던지요. 풉! 세계 최고를 위해 일상을 철저함에 철저함을 더해 컨트롤하는 모습이 안쓰럽기까지 하던 찰나 귓가에 다른 채널의 이야기가 지지직 감지되기 시작했습니다. 수군수군, 속닥속닥.

"나도 다이어트로 20kg 빼봤는데 그거 진짜 미치게 힘들어. 근데 나는 요요가 다시 왔잖아"

"정말요? 저도 요즘 몸이 너무 무거워서 다이어트 해야 하는데 어떻게 빼셨어요?"

"우리 아들도 유도 잠깐 했었잖아요. 유도가 진짜 장난 아니게 힘든 운동이에요"

오잉? 저는 분명히 이원희 선수의 강연에 집중하고 있었는데 이 원치 않는 누군가의 이야기들은 다 어디서 섞여 들어오는 거죠? 뚜둥. 그것은 바로 뒷좌석에 이제 막 자리를 잡은 두 여자분의 이야기였어요. 아, 놓지 마! 정신줄! 다시 정신줄을 바짝 끌어당겨서 강연에 집중해봅니다. 점점 더 잘 들리는 수군수군 속닥속닥.

"이번에 피부과에서 시술을 받았는데 어찌나 아프던지 다시 하라고 하면 못할 거 같아"

"그래도 예쁘기만 하신걸요."

하하 호호… 아, 저 두 분도 분명 '올데이 콘서트'를 들으러 오신 분들일 텐데 왜 무대에서 강연하는 강연자들보다 더 말을 많이 할까. 그것도 속닥임이라 하기엔 주고받는 내용이 무엇인지 이렇게 확실히 전달될 정도의 큰 데시벨로 말이야. 흐엉. 잠깐 반가움에 서로 나누는 인사려니 했는데 결국 이원희 선수님의 강연이 다 끝날 때까지 내리 줄기찬 열정의 수다가 이어졌어요.

모르는 사람의 알고 싶지도 않은 지극히 사적인 이야기를 하필이면 시간 들이고 4만 원이라는 비용도 들여 몸살과 기 싸움을 벌이면서까지 왔는데 이곳에서 왜 이런 수다를 들어야 하는가…. 깊은 내적 갈등이 시작됐습니다. 분명 제 귓바퀴는 정면을 향하고 있었지만 뒷자리 속닥임이 어찌하여 이리 생생하게 잘 들리는 것인지 귓바퀴의 방향을 의심했지 뭐예요.

살짝 주의해 달라는 시그널로 고개를 45도 정도 휙 돌려 돌아보기를 수차례 반복했지만 이런 시그널을 캐치하기엔 두 분은 이미 신나는 그들만의 이야기에 취해있었죠. 맞습니다. 이것은 층간소음이 아닌 열간소음이였습니다.

마녀님들 다들 경험해보셨죠? 영화관에서 영화의 장면이 바뀔 때마다 영화 속 배우들에게 자신의 의견을 어필하시는 분들! "아니! 그러니까 그 어두운 곳에 왜 혼자 가냐고", "가지 말라고 가면 안-돼" 공포영화의 주인공에게 행동을 이렇게 직접 지시하시는 분들 꼭 있잖아요.

그런가 하면 버스 뒷좌석 어딘가에서 큰소리로 통화하며 집안사를 모두에게 공개하시는 분들도 있고 도서관에서 소리 없이 입술로 책을 따라 읽느라 생기는 마찰음이 얼마나 주변 사람을 예민하게 하는지……. 그런 분들 좀 경험해보셨죠? 저의 올데이 콘서트는 그녀들의 열간소음으로 이미 조기 종료됐고 온통 신경이 그 두 분의 소음에 곤두서서 이 상황을 어떻게 하면 끝낼 수 있을까에만 몸과 마음을 쓰기 시작했죠. 자, 어떻게 이 열간소음을 사라지게 할 것이냐!

방법1 : 휙 하고 뒤를 돌아 오른손 검지를 내 입술에 갖다 대고

쉿! 을 외친다. 싸가지없어 보일 수도 있겠다 싶기도 하고…. 한 분은 나보다 나이도 많아 보이는데…. 음.

방법 2 : "제가 강연에 집중하고 싶은데 두 분이 야기가 너무 크게 들려서요"라고 친절한 듯 뾰족하게 한 방 날린다. 아! 대사가 너무 길어서 꼬일까 봐 떨리는데…. ;;;

방법3 : 스태프에게 이 상황을 전달하고 대신 주의를 부탁한다. 스테프를 통해서 하면 더 기분 나쁘려나? 어쩐다.

방법4 : 간단명료하게 "조용히 좀 해주세요!" 이렇게 하면 분위기가 험악해지는 거 아닌가….

아, 여기는 어디고! 나는 누구이며 나는 지금 뭣 하는가! 머릿속이 온통 뿌연 연기로 가득한 듯했고, 여러 가지 방법들을 머릿속에서 시연해보며 고개를 절레절레 젓고 있다가 '방법 5'가 마침 떠올랐습니다. 이원희 선수님의 강연이 끝나고 박수와 함께 다음 강연자를 소개하는 틈에 얼른 가방과 목도리를 챙겨 빈자리를 확인하고 5열 앞으로 전진! 고고했죠! 그렇습니다. 자리를 옮긴 거죠. 그러고 나니 곧바로 참된 평화가 찾아왔고 조기 종료됐던 온종일 콘서트는 다시 시작되었습니다. 어찌나 달고 맛난 강연들이었는지요. 하마터면 열간소음을 해결하려고 애쓰다가 올데이 콘서트의 소중한 인사이트가 모두 실종될뻔했지 뭐예요. 휴.

그러니까요! 상황에 휘둘리는 순간 이곳에 온 이유와 목적은 놀이공원에서 엄마의 손을 놓친 아이처럼 미아가 된다는 사실이라는 거죠. '5열 전진!' 무대 강연자들의 이야기에 더 집중할 수 있는 환경을 재빨리 선택하는 것이 열간소음도 해결하고 콘서트를 보다 찐으로 즐길 방법이 맞죠. 두 분께 액션을 취하는 것만이 방법이 아니라는 이야기입니다. 진짜 중요한 것은 이 콘서트를 망치지 않는 것이니까요. 끄덕끄덕.

비단 열간소음만이 아니라 우리의 일상에도 적용해볼 만하죠? 불편한 상황은 상황일 뿐 어떤 것이 나에게 최상의 이득을 가져다 줄 것인가! 이 포인트만 잘 활용한다면 불필요한 에너지 낭비나 사사로운 기 싸움과는 1, 3, 5, 7로 듬성듬성해지지 않겠습니까. 암요 암요.

그나저나 마녀님들! 올데이 콘서트는 다음 달도 있는데 같이 가보시렵니까? 한방에 7시간 빡!

목표빌런에 대처하는 법

편의점 앞에서 무엇에 홀린 듯 걸어 들어가서는 과자들을 바라보며 슬픈 눈으로 고개를 절레절레 심하게 젓고 있습니다. 누가요? 가끔 제가요. 언제요? 유독 다이어트 중에요.

평소에도 과자를 꽤 좋아하지만 먹지 말아야 한다고 생각하기 시작하면 사람 심리란 게 더욱더 욕망하게 되잖아요. 집안의 반대가 심할수록 절절한 연애가 펼쳐지듯 말이죠. 아마 세기의 사랑으로 유명한 로미오와 줄리엣도 그냥 집에서 쿨하게 허락했다면, 만날 만큼 만나다가 둘이 별별 일 다 겪고 지지고 볶다가 헤어졌을 확률이 높았을 거라는 게 제 생각이랍니다.

그렇듯 다이어트가 과자와 저의 사이를 갈라놓으면 놓을수록 더 절절해지는 거죠. 새우깡 앞에 서서 "새우깡은 어떻게 보면 해산물류 아닌가? 맞잖아.", "해산물은 다이어트 식품이지"라며 고개를 끄덕이기도 하고, 바나나깡 앞에 서서는 "바나나는 섬유질이 많고 변비에 좋잖아"라며 명랑괴변을 늘어놓기도 하죠. 모든 과자에 늘 관

대한 건 아닙니다. 쌀과자 앞에 서서는 "쌀은 탄수화물이니까 절대 안 됨"이라고 단호하기도 하거든요. 이렇게 돌아이력을 총동원해서 괴변으로 저를 설득하는 이유는 단 한 가지입니다. 지금, 이 순간 나는 최애 과자를 욕망한다! 고로 지금 먹어야겠다! 과자가 다이어트에 나쁘다는 걸 몰라서겠습니까? 알지만 지금 먹고 싶다는 거죠. 이럴 때 강력한 멘탈을 발휘해서 빈손으로 저를 질질 끌고 집으로 들어오게 하잖아요?

그럼 어떤 일이 우리 집에 벌어질까요? 이럴 때 이 순간에는 남편이 알아서 저를 피하는 게 좋습니다. 아이들도 알아서 할 일을 해놨어야 신상에 좋고, 아침에 그냥 두고 나간 설거지는 스스로 깨끗해졌어야 했고, 우리 집 고양이는 평소보다 두 배는 더 귀여울 필요가 있습니다. '풍전등화'라는 속담의 좋은 예시가 되는 상황이 곧 생생한 라이브로 펼쳐지게 될 테니까요. 지금 꼬투리 잡히는 가족 구성원 중 하나가 다이어트로 인한 저의 누적 스트레스를 받아내게 된다는 말입니다. 없던 잔소리도 쇼미더머니 수준으로 나오는 순간이니까 말일 테죠. 스트레스 지수 MAX! 잔소리 와구와구 발사!

"자기가 먹은 그릇을 좀 그때그때 설거지하면 안 되겠어?"

"신별아, 치우는 사람 따로 있고 어지르는 사람 따로 있는 거야?"

"자기야, 칫솔은 칫솔 살균기에 꽂아 두라고 몇 번을 얘기해?"

"신비야, 숙제는 제때하고 지금 계속 핸드폰 하는 거야?"

"만보야(우리 집 고양이), 응가하고 모래로 잘 덮어 두랬지?"

욕구불만으로 인한 짜증 섞인 잔소리를 한바탕, 두 바탕을 한여름의 소나기처럼 퍼붓고는 이내 자책 타임이 부메랑처럼 찾아오는 거죠. 아, 애들한테 너무했나…. 고양이가 뭘 안다고…. 눈치 보는 가족들이 짠해지면서 미안한 마음이 들고 이런 내 모습이 참 찌질하다고 느껴지게 된다니까요. 인정합니다. 이 모든 상황은 다이어트 부작용입니다! 이쯤 되면 '가족들에게 짜증을 내면서까지 이 다이어트를 하는 게 의미가 있나'란 생각에 설득이 되면서 다이어트를 포기할 명분을 스스로 획득하고 만답니다.

결국, 원하는 과자를 먹지 못해 다이어트를 포기하는 꼴이라니……. 이럴 때 좋은 방법은 냅다 다이어트를 포기하는 것이 아니라 다이어트 중에도 최애 과자인 새우깡을 먹을 기회를 정해놓고 스스로에게 간헐적으로 허락하면 된다는 거죠. 무조건 욕구를 누르고 목표를 달성해야 한다는 강박적인 생각을 예쁘게 수술하는 거죠. 목표를 달성하는 과정 중에 반드시 우여곡절 함유량이 많아야만 더 멋진 결과를 얻는 건 아니잖아요?! 꺾어내고 이겨내야만 나를 바꿀 수 있는 게 아니고, 지혜롭게 조절해주는 것이 나를 바꿀 기회를 계속 얻는 게 아닐까요? 기회를 자꾸 얻어야 목표 성공률이 올라가는 거니까요. 맞잖아요.

다이어트의 발목을 잡는 새우깡을 무조건 쌩 멘탈로만 극복하려 한다면 오히려 험악한 부작용과 맞서 싸워야 할 순간들이 더욱 많아지게 마련이죠. 곧 너덜너덜해질 게 뻔하잖습니까. 그러니 새우깡은 마냥 칼 손절하는 게 아니라 조절해주어야 하는 대상으로 여겨야 더 효과적이다. 이 말입니다. 비단 어디 다이어트뿐이겠습니까! 우리가 목표 삼은 것들의 발목을 잡는 각종 목표빌런들에게도 칼 손절이 아닌 탄력적 조절의 지혜를 알맞게 적용해봐야 하지 않을까요?

음, 마녀님의 새우깡은 무엇인지 궁금합니다. 씨—익.

원조 마녀를 찾아서

우리 마녀님들은 효도 좀 간간이 하고 계신가요? 네, 저는 효도 합니다! 안간힘을 다해 억지를 쓰며 효도라고 우기는 유일한 효도가 바로 엄마와 올림픽공원 한 바퀴 산책하는 거랍니다. 엄마의 육체적 건강도 신경 써드리고 정신적 건강을 위해 수다도 한판 재미나게 함께하면 이것이야말로 버릴 것 없는 알짜배기 진정한 효도 아니겠냐는 게 강력한 주장이죠. 베시시. 지갑이 좀 비만해진다면 그때는 더 좋은 것들로 함께 해야겠다는 계획도 가지고 있으니까 우리 마녀님들이 '마녀의 조건' 책을 다량으로 힘껏 구입해 주신다면 저의 효도에 부스터를 달아주시는 거죠. 유윤주의 효도 좀 도와주십쇼오오오오. 씨익.

오늘도 엄마랑 올림픽공원을 살짝 빠른 걸음으로 걸었어요. 수다의 주제가 3만 가지는 펼쳐지는 것 같네요. 그러던 중 엄마의 삶을 서사적으로 전개할 수 있는 큰 질문을 하나 드렸죠. "엄마! 엄마는 그동안 마음먹은 대로 살아온 거 같아? 그니까 마녀로 살아왔냐고!" 물어놓고 엄마의 표정을 살펴보니 꽤나 긴 이야기가 펼쳐질 것 같다는 느낌이 들면서, 아차, 이메일로 물어볼 걸 그랬구나 싶었지만 이미 이야기의 시제는 엄마의 어린 시절에 도착해 있었습니다. 뜨악. 마녀님들 우리 엄마 이야기 함께 들어보시죠.

외할아버지는 이북에서 피난 내려와 맨손으로 무에서 유를 창조하신 생활력 만렙의 소유자셨죠. 5남 2녀를 두셨는데 엄마는 가장 부지런히 태어난 장녀였기에 좀 이른 철이 들었고 외할머니를 도와 일찍 집안일에도 적극 투입이 되었다죠. 그래서 그런지 지금도 무엇이든 척척척 일을 무서워하는 법이 없답니다. 할아버지께서는 사업수완이 탁월하셨을 뿐만 아니라 교육의 중요성을 늘 강조하셨기에 엄마는 경기도 촌구석에서 서울로 고등학교 유학을 했고 대학도 진학하셨답니다. 엄마의 초등학교 동창생들 가운데 몇 안 되는 대학생이 되었다는데 특히 여자 동창생 중에는 대학에 진학한 친구가 오른손에 꼽았다고 하더라고요.

엄마는 빨리 돈을 벌고 싶었기에 시내에 양장점을 차리는 게 바램이었지만 할아버지의 강력한 주장에 간호대학에 진학하게 되었다죠. 뭐, 할아버지가 원하신다고 다 대학에 가나요? 쩝! 대학에 적극적으로 안 갈 계획이었다면 애초에 공부를 그렇게 잘하지 말았어야죠. 엄마는 계획성이 좀 부족했던 거 같아요.

간호대학을 나와 대학병원 간호사가 되었고 보나마나 주어진 역할에 최선을 다했을 거예요. 제가 엄마를 좀 잘 아는데 엄마는 지금도 성실의 빅 아이콘으로 살고 계시니까요. 매사에 성실하고 정의롭고 선하며 에너지가 넘치는 사람! 우리 엄마! 주로 이런 수식어는 위인전에 나오는 사람들이나 성경책에 등장인물들과 어울리는 거 아닌가 싶잖아요? 근데 진짜 그래요. 게다가 비주얼까지 갖췄으니 제가 엄마 친구였다면 엄마랑 안 놀았을 거 같아요.

하여튼 열혈 간호사로 인정받던 엄마는 고등학교 보건교사로써도 32년을 학교에서도 좀 남다르게 보내셨고 60세가 되셨을 때 영어 공부를 다시 시작하셨는데 장래 희망이 미국인인 것처럼 영어에 지금도 무척 진심이시죠. 국제무대에서 지금 맡은 단체의 회장으로서의 연설을 스크립트 없이 영어로 술술 하는 게 소원이신 우리 엄마! 엄마의 역사를 들어보면 정말 흠잡을 곳이 없는데 말이죠. 엄마는 제가 던진 질문에 의외의 대답을 내놓았습니다.

"나는 열심히 주어진 일에 최선을 다했지만, 마음먹은 대로 살아보진 못한 거 같아, 윤주야."

아쉬움이 잔뜩 드리운 엄마의 표정이었죠. 마음먹은 대로 사는 여자! 마녀의 삶은 아닌 것 같다는 엄마의 대답에 제가 되물었습니다.

"엄마, 엄마가 생각하는 마녀는 뭔데?"

도대체 엄마가 생각하는 마녀는 무엇일까 궁금했죠. 엄마의 눈동자가 빈 하늘을 향했고 마음먹은 대로 사는 마녀의 삶에 대한 정의를 분주하게 찾는듯하더니 "마녀라면 뭔가 그래도 그렇다 할 결과나 이뤄놓은 게 있어야 마음먹은 대로 살았다고 할 수 있는 거 아닌가?"라고 하셨죠. 아, 엄마는 마음먹다라는 동사에 큰 뜻과 큰 꿈을 연결하시는 거 같았어요. 그렇기에 결과나 위치를 연상하시는 거겠죠? 스스로를 마녀라고 하기엔 좀 함량 미달인 거 같다는 엄마의 해석에 저는 훈훈한 미소를 장전하고 자신 있게 반격을 시작했습니다.

"엄마! 엄마는 마녀 중의 원조 마녀가 맞아!" 쌍 엄지척.

일단, 생물학적으로 엄마가 낳은 딸인 내가 마녀일걸 보면 엄마는 마녀일 수밖에 없어! 그리곤 또박또박 엄마의 삶 전체를 이끄는 핵심 키워드를 나열하기 시작했죠.

'진정성, 성실함, 정의로움, 긍정적, 배움, 도전, 용기, 사랑…….'

"엄마는 그 누구보다 삶의 순간들이 엄마의 핵심 키워드들로 가득했잖아요."

엄마의 진로나 직업은 할아버지의 선택에 따랐지만 주어진 삶을 마주하는 태도는 엄마가 마음먹은 대로 만들어 나간 것 맞잖아요. 이게 바로 빼박 완전 마녀잖아요. 씨익.

보이는 결과나 스펙이 중요하지 않다고 하는 것이 아니라 그보다 진짜 중요한 가치관을 끝까지 지켜나가고 가꿔나가는 삶이 진짜 마녀 중의 마녀 아니겠냐는 저의 의미 어린 반격에 엄마는 느릿하게 고개를 끄덕이시며 감동을 크게 한입 베어 문 듯하셨죠. 감동 먹은 엄마의 표정! 잊을 수가 없네요. 아, 내가 말하고 내가 멋있어… 아…. 후훗.

마녀님들! 우리가 생각하는 마음먹다라는 동사는 인정받을 결과를 내는 일이나 혁신적으로 나를 변화 시키는 일에만 적용하는 것이 아닌 거 같아요. 어쩌면 나를 이끄는 핵심가치를 상황과 타협하지 않고 나답게 지켜나가는 일에 더 적극적으로 적용해야 할 동사가 아닐까요?

그날 이후로 엄마는 저를 좀 다르게 보는 거 같아요. 역시 산책은 효도 중의 효도 맞다니까요.

셀프 양육비 청구하기

이따금 불현듯 가장 낯선 것은 제가 지구상에서 가장 예쁜 두 딸의 엄마가 되어있다는 사실입니다. 엄마가 될 준비는커녕 나는 아직 나도 제대로 키워 본 적이 없는 것 같은데 제가 엄마라는 말인 거죠. 두 딸을 쇼핑한 택배처럼 반품할 수도 없는 노릇은 물론 나보다 내 마음을 더 많이 쓰고 내 시간을 더더 많이 쓰고 내 돈을 더더더 많이 쓰는데도 비와 별이를 따라다니며 늘상 사랑 고백을 하는 일방적 관계! 뭐 이렇게 계산이 안 맞는 관계가 다 있죠?

뭐 제가 배 아파서 낳았으니 그렇다 치지만 비와 별이의 외할머니 사랑은 제 사랑보다 왜 그렇게나 오버사이즈인 걸 까요? 특히나 큰딸 신비에 대한 외할머니 사랑은 질투가 날 정도라니까요. 우리 집은 신비를 중심으로 돌아가는 신비 공화국이랍니다. 가끔 제가 이렇게 외쳐요.

"엄마! 엄마 딸은 나야! 내가 엄마 딸이고 신비는 내 딸이야."

"최 여사님은 저의 생모이십니다. 저도 좀 챙겨주세요!"

내리사랑이라는 말을 적극적으로 구현하는 내리사랑의 달인이신 최 여사님의 사랑은 내려가다 못해 저를 패스하고 제 딸에게 바로 내려가서 문제랍니다. 고장 난 징검다리 내리사랑! 췟!

신비가 3세가 되었을 때부터 견문을 넓혀줘야 한다시며 해외도 두루두루 데리고 다니시고 유치원 때는 영어와 자연스럽게 친해지게 해주고 싶으시다며 필리핀 1년살이를 재차 용감하게 떠나시는 분이니까 말 다 했죠. 형식적인 공부보다는 다양한 체험자산을 가질 수 있도록 해주고 싶으시다는 할머니 사랑! 물론 감사한 마음입니다. 하지만 제 어렸을 적 기억엔 엄마는 늘 바쁘셨고 저와는 많은 것을 함께 할 수 있는 시간이 없었거든요. 밤늦게까지 남동생과 둘이 있던 적이 많았고 여러 가지 역할을 소화하시는 엄마의 뒷모습을 보며 쭉 자랐으니까요. 신비에게 해주시는 것 반만큼만 나한테 해주셨다면 한국에서 내 비전을 펼치기엔 한국이 너무 XS사이즈라며 전 세계를 아우르며 살고 있지 않았겠나 하는 생각이 자주 들곤 했죠. 얼마 전까지만 해도 그랬으니까요.

또 신비의 외할아버지는 외할머니의 스케일 큰 사랑과 달리 일상에서 더 디테일한 사랑이시죠. 신비에게 아직 필요하지도 않은 것들을 너무 앞서 구매하시는 통에 그 때문에 말다툼이 벌어집니다. 왜 그렇게 묻지도 않고 따지지도 않고 바가지를 있는 데로 푹 눌러 쓰시면서 막 구매하시는 걸까요. 전국 호갱 선발대회가 있다면 MVP 호갱님 선정에 강력 유력이죠. 휴. 웹툰 작가들이 쓰는 전문가용 그림 그리는 디바이스를 덜컥 집에 설치하지를 않나……. 핸드폰도 왜 그렇게 자꾸 바꿔주시는지……. 신비가 그 가치를 아직 모르는데 말입니다. 어우 증말!

분명 제가 어렸을 적엔 어린이날 선물도 제때 주신 적이 없고 진로 또한 공부 말고 선택지가 없을 정도로 타고난 나의 달란트도 사뿐히 묻어 버리시던 아빠가 어떻게 할아버지가 되시고는 저렇게 급변하실 수가 있냐는 말이죠. 변신 로버트도 아닌데 너무 갑자기 확 변한 캐릭터라 성장드라마 소재로 연구해도 좋을 지경입니다.

여기까지 읽으셨으면 마녀님들은 이런 생각을 하실 수 있으실 거예요. 아니 할머니, 할아버지의 손녀 사랑에 진심으로 질투하는 철없는 엄마라니……. 그죠? 그래서 지금부터는 알이 꽉 찬 암컷 꽃게처럼 철이 톡톡하게 든 제 생각을 이야기해볼까 합니다.

그래서 말이죠, 부모님에 대한 질투 어린 혼잣말 중얼중얼은 이제 그만하려고 마음을 먹었답니다. 그 대신 할머니와 할아버지가 신비, 신별이에게 베풀어 주시는 사랑만큼 지금부터 나도 나 자신에게 찐 사랑을 베풀어볼 참입니다. 마흔이 훌쩍 넘은 유윤주에게 유윤주가 다시 부모가 되어주는 시간을 시작하기로 한 겁니다. 이름하여 유윤주의 유윤주 계속 키우기! 셀프 양육 타임! 저를 위해 좋은 시간을 준비하고요, 저를 위해 다채로운 경험들을 선물하고요, 또 저를 위해 양육비를 톡톡히 지불해보는 겁니다. 어때요? 괜찮죠! 유윤주 다시 키우기 요즘 이렇게 해보고 있답니다. 씨익.

저에게 책정한 양육비를 야무지게 쓰기 위해 매달 좋은 책들을 스스로에게 읽혀주고, 경험해보지 못했던 색다른 공연도 선물해주고요, 새로운 분야의 사람들과 만남을 통해 사람과 삶을 배워나가는 시간도 기꺼이 새롭게 마련한답니다. 아, 물론 거울 속에 기분 좋은 모습을 위해 가꾸는 것도 놓치지 않으려고 노력해요. 책을 출간해 보겠다는 새로운 도전에도 누구보다도 제1호 팬을 자청하며 따끈후끈하게 응원하고 말이죠. 헤헷. 요즘 제가 유윤주 키우는 재미가 아주 쏠쏠 하다니까요. 빙긋.

"손녀딸에게 해주셨던 거 절반만 내게도 해주셨으면 얼마나 좋았겠냐"는 속 쓰린 아쉬움에서 탈출하고 보니 스무 살 넘은 나는 내가 키워야 하는 게 맞다는 생각이 들더라고요. 가만 생각해보면 내가 나를 키우기에 늦을 때란 없는 거 같아요. 지금도 우리는 우리를 쑥쑥 무럭무럭 잘 키워나갈 수 있답니다. 앞으로 5년 후에 참 잘 컸다고 스스로에게 이야기해줄 수 있다면 너무 멋진 일 아닌가요. '나로 태어났으니 나는 내가 야무지게 키운다! 오예!'

마녀님들, '시간이 없다.' '여유가 없다.'처럼 평생 따라다니며 성장을 방해하는 단골 핑계와 과감하게 손절하고 하루에 잠깐이라도 나를 위한 셀프 양육 타임 가져보는 건 어떨까요?

아, 우리 마녀님들은 셀프 양육 벌써 시작하셨겠네요. 이미 마녀의 조건을 읽고 있으니까요! 훗

마음 업데이트

나는 나에게 오늘 데이트 신청을 했습니다.

핸드폰 달랑 손에 쥐고 침대에 누워 뒹굴뒹굴 천국의 맛을 경험하고 있는 오늘입니다. 천국에 가본 적은 아직 없지만, 천국 맛 중에 아마 이런 맛은 꼭 있을 거 같아서일까요. 나 홀로 집 침대에 누워 뒹굴거리는 건 내가 나에게 주는 가장 효율적인 천국의 조각 중 하나죠. 침대에 누워서도 즉시 누구와도 이야기를 시작할 수 있는 기특한 연결고리, 카톡을 열었더니 '버전 업데이트'를 실행하라는 표시가 뜨네요. 열기 버튼을 누르고 업데이트 진행을 나타내는 뱅글뱅글 돌아가는 동그라미를 멍하니 바라보던 중, 고개가 15도 정도 기울어지며 번뜩 이런 목소리가 머릿속에 볼륨업 되는 거예요.

'응? 나는 나를 잘 업데이트하고 있나?'

아, 근데 업데이트가 구체적으로 뭐지? 냅다 찾아봤습니다. 업데이트란 기존의 정보를 최신의 것으로 수정, 추가, 갱신 또는 보완하는 것으로 새로운 기능을 사용하는 것이라는 내용이더군요. 업데이트란 것이 이런 것이구먼. 음…. 그렇다면 휴대폰 안에 살고 있는 모든 앱도 주기적으로 척척 업데이트를 해나가는데 말이야 내 업데이트는 무엇을 수정 · 추가 · 갱신하고 또 보완하며 새로워져야 하는 거지? 갑자기 훅 들어온 덩이감 있는 질문에 적잖이 머릿속이 바빠지지 뭐예요. '업데이트는 어떻게 시작하는 것일꼬?' 골똘골똘. 무엇이든 알려주는 초록 창에 요리조리 검색해도 청량감 있는 자료는 찾을 수가 없어요. 너무 인문학적인 질문이라 그런 걸까요? 끄덕끄덕 맞습니다. 내 업데이트는 최신 자료조사에 의해 시작할 일이 아닌 지극히 '나' 적인 고유영역이니까요. 그래서 질문의 방향을 밖으로가 아닌 내 안으로 향해보기 시작하니, 무심코 덜컥 뱉어진 진심 어린 답변은 이랬습니다.

'나의 업데이트는 내 마음에서 시작되어야지. 마음 중에서도 꼭 먹고 싶은 마음!'

음, 사실 우리는 태어날 때 얻어진 이름값보다 살아가면서 얻어진 꽤나 두툼한 역할과 위치, 자격, 책임에 따른 이름값 때문에 내 마음이 원하는 크고 작은 목소리에 뮤트 버튼을 눌러두는 일들이 고정 습관이 되어버리고 말았죠. 하물며 내가 먹고 싶은 음식은 웨이팅을 각오하고도 맛집 먹방을 사수하지만, 정작 진짜 내 마음대로 마음을 먹는, 마음 먹방이 필요한 순간에는 왜 마냥 미지근해지는 걸까요…. 마음먹은 대로 살고 싶은 건, 사실 우리 모두가 다 원하는 일인데도 말이죠. 긁적긁적. 그렇다면 지금부터라도 내 마음이 원하는 것을 한 조각, 한 조각씩 먹어보면 되는 거 아닐까요? 그래서 저는 이참에 마음 한 조각 먹었습니다. '마녀'로 매일 아침 업데이트하기로 말이죠!

마음만 먹는다고 업데이트가 오토매틱으로 뚝딱 시작될 리가 없죠. 업데이트 시작 버튼을 눌러줘야 하니까요. 자, 마녀 업데이트 버튼은 언제 어떻게 누르느냐? 요렇게 하는 거랍니다.

[모닝 뚝딱 업데이트]

1. 아침에 눈 뜨자마자 1분 동안 침대에서 "오늘도 마녀 모닝"을 외친다.
2. 오늘 꼭 실행하고 싶은 마음 리스트를 지금 세 가지 정해본다.
3. 마음먹은 리스트를 실행하는 흐뭇한 내 모습을 비비디하게 떠올리면 끝.

하루의 시작을 마녀 모드로 모드 ON 해주는 모닝 뚝딱 업데이트. 너무 간단하잖아요. 묵은 피로로 시작하는 아침은 이제 냅다 버리세요. 돈이 들길 하나 시간이 많이 들길 하나 일단 해보자니까요. 해보고 효과 없으면 다른 거 또 해보면 되니까요.

아, 근데 어쩐지 마녀님들 모두 같이 모닝 뚝딱 업데이트를 실행하면 우주의 영험한 기운이 곱빼기로 더해질 것 같지 않아요? 이거 나만 안 하면 손해 보는 느낌 들고 그럴 것 같지 않아요? 해보자고요!

쿨톤 인사이트

슈퍼맨이 진짜 멋있는 이유

지구를 구하는 영웅이나 나라를 살리는 위인이 될 그릇은 아닌 거 같아요. 지금껏 내가 나를 쭉 지켜본 바로는 말이죠. 뭐 인정할 건 인정해야 하는 거 아니겠어요? 히죽. 그런 비전은 가져 본적도, 가질 그릇이기엔 너무 작고 귀여운 여자 사람일 뿐이죠. 하지만 한 번뿐인 리미티드 에디션 내 인생은 내가 마음먹은 대로 살아가고 싶다는 굵은 바람이 매일 글적글적하는 진화를 만들고 있긴 합니다. 이렇게 글을 적고는 있으니 글적글적 맞죠? 저는 이렇게 일상에 나의 미니미한 영웅을 불러내는 순간들이 있는 것만으로 거뜬히 만족해요. 씨익.

저의 작고 소중한 그릇 탓인가, 영웅들은 너무 대단하지만 부럽진 않답니다. 지구 평화에 앞장서는 슈퍼맨의 대용량 그릇이 부럽다기보다는, 그냥 남의 눈 의식하지 않고 당당하게 쫄쫄이를 입는 그 서양 남자의 쿨한 마음에 깊은 응원의 박수를 보냅니다. 짝짝짝! 심지어 슈퍼맨은 레깅스 위에 보디슈트를 입잖아요. 말이 좋아 보디슈트지…. 그냥 팬티를 쫄바지 위에 냅다 입은 모양 아닙니까. 게다가 가슴팍에 당당하게 이니셜 S, 빡! '나는 내가 나여서 자랑스럽다.'라는 문장으로 보이고 들린다는 거죠. 솔직히 말해서 슈퍼맨 자신도 세상을 구할 수 있을지 없을지는 일단 사건 터지고 몸으로 부딪쳐봐야 아는 것일 테고 말이죠. 그 전에, 세상을 구하는 그 일에 자신이 원하는 쫄쫄이 세트를 입고 나가겠다고 마음먹은 것, 그 마음을 실행으로 옮긴 것 그리고 계속 반복한 것을 저는 더욱더 높이 높이 산답니다.

사실 처음에 슈퍼맨을 본 사람들의 반응이 어땠을지 생각해보면 상상만으로 머릿속이 'ㅋㅋㅋ'로 채워지잖아요. 어느 날 갑자기 머리에 포마드 8:2로 찐하게 바른 강렬한 빨. 파 쫄쫄이를 입은 남자가 하늘을 날아다니고 악당을 막 물리쳐주니까요. 전신의 실루엣이 다 드러나는 쫄쫄이를 입은 그를 보기가 얼마나 민망하고 남사스러웠을까요. 그러나 민망한 쫄쫄이는 훗날 슈퍼맨의 시그니처가 되잖아요. 또 많은 사람의 마음속에 대문자 S는 슈퍼맨 하면 떠올리게 되는 알파벳 중에 가장 힘이 센 느낌과 가장 섹시한 이미지로 자리 잡았다는 거죠. 사람들의 엄청난 시선에도 쭉 본인의 무대복을 끝까지 주장하는 슈퍼맨의 마음 먹은 대로 하는 능력 일명 '마먹력'을 심하게 리스펙하며 우리도 마녀라면 내 마음속 쫄쫄이를 좀 꺼내봐야 하는 거 아니겠습니까?

"다시 살 빼고 저 옷 다시 입을 거야"라며 옷장 속에 5년째 박제해둔 내 원피스.

"독서습관 갖고 싶어"라며 책장에 우아하게 컬렉션 해둔 내 책들.

"나도 바디프로필 한번 찍어보고 싶어"라며 등록 후 두 번 다시 찾지 않는 클럽, 헬스클럽.

"1일 1포 블로그 시작하겠어"라며 아직도 만날 수 없는 나의 블로그.

숨겨두고 미뤄둔 나의 쫄쫄이들. 우리도 마녀로 살기로 했으니 말입니다. 용기 한 움큼 집어먹고 슈퍼맨처럼 마음속 우리의 쫄쫄이 세트를 꺼내서 다시 입어 보면 어떨까요? 슈퍼맨처럼 우리가 지구는 못 구하더라도 나는 내가 구원해야 하니까요.

오늘은 내 쫄쫄이 리스트 살펴보렵니다. 하하 어디 보자!

샤넬백이 뭐길래

'샤넬 오픈런' 혹시 경험해본 적 있으세요? 돈을 다발다발로 들고 샤넬 매장에 가도 들어갈 수가 없어요. 대기표를 받아 들고 나면 한없는 기다림의 향연이 시작되죠. 목이 빠질 때쯤 운이 좋게 매장에 들어간다 해도 원하는 제품은 얼굴 보기가 어찌나 어려운지 이미 솔드아웃인 경우는 일상이고요. 허탕 치고 돌아오는 일도 자연스레 받아들인답니다. 천운으로 원하는 모델을 겟하는 날, 이때 올리는 SNS 피드에는 어깨 뽕이 말도 못 하게 들어가죠. 많은 이들로부터의 부러움과 축하의 댓글이 쏟아진답니다. MSG 살짝 흩뿌리면, 결혼 축하만큼 공무원 시험 합격한 거 만큼의 노력을 인정받고 축하받는다니까요. 온갖 노력으로 대기표를 들고 이리 뛰고 저리 뛰고 해서 쟁취한 나의 샤넬 백! 그런 맛에 오픈런에 나서는 거 아니겠습니까? 유훗!

"그깟 샤넬 백이 뭐길래…."라고 쓰기엔 샤넬 백은 너무 샤넬 백이죠. 리미티드 에디션인 경우에는 8대 조상의 은덕이 있어야 얻을 수 있으니까 리미티드 에디션을 들고 다니려면 조상님들이 대대로 은덕을 미리 쌓으셨어야 내 손에 들 수 있다고 하는 거 아니겠습니까. 하하. 8대 조상의 은덕을 운운할 만큼 대단한 샤넬 백은 그렇기에 이미테이션이 전 세계적으로도 널렸겠지만, 저 여자의 손에 들린 샤넬 백이 진짜인지 가짜인지는 위험한 순간에 대처하는 방법을 보면 알 수 있죠.

자, 길을 걷다 소나기를 만났습니다. 그녀가 핸드백으로 비를 피하고자 머리를 가린다면 그 샤넬은 진짜일 리 없죠. 반면 길을 가다 미끄러져 넘어지는 순간 그녀의 엉덩이가 땅에 내동댕이쳐지더라도 샤넬을 두 손으로 떠받들었다면 그녀의 백은 어김없이 진짜죠. 이렇게 진짜와 가짜는 위기의 순간에 얼마나 샤넬 백에게 진심인가를 보여주게 된다는 겁니다. 쩝!

하여튼 이토록 대단한 샤넬 백 리미티드 에디션을 위해 아침부터 대기표를 손에 쥐고 백화점 바닥에 쪼그리고 앉아있는 쇼윈도에 비친 내 모습을 보다가 이런 생각이 들었지 뭐예요.

"샤넬 백만 리미티드 에디션인가, 나야말로 80억 인구 중 하나뿐인 진짜 초초초초 리미티드에디션 아니던가!"

그런데 그런 나를 위해, 대기표를 뽑아가며 또 카드 한도를 몽땅 바쳐가며 지극 정성 다해 나 자신에게 열광한 적이 언제였더라? 그런 적이 있긴 했던가? 갸우뚱.

'샤넬 백 오픈런 하듯이 내 인생에 나를 위한 유윤주 오픈런도 있어야 하는 거 아닌가!' 내가 더 초초초초 리미티드 에디션인데 말이야…. 하는 푸념투성이 혼잣말이 덥석 나오더라니까요. 쇼윈도에 비친 내 모습을 날름 등지고 집으로 돌아오면서 나는 왜 샤넬 백에 이렇게나 마음을 다했는가를 잘근잘근 곱씹어 봤습니다. 솔직하게 툭 까놓게 나 자신과 이야기를 해보니 샤넬이 주는 그 이미지를 가지고 싶었던 거였더라고요. 꼭 그 디자인이 아니면 안 되는 게 아니라 샤넬이 만든 이미지와 느낌을 가지고 싶었던 게 맞는 거 같아요.

또 물었죠. 왜 그 이미지가 가지고 싶은 것인가? 음, 많은 사람이 가지고 싶어 하고 좋아하는 샤넬이니까. 그런 샤넬로 꾸민 나를 사람들이 좋아할 것 같아서. 와! 말해놓고도 이보다 더 1차원적으로 솔직할 수는 없네요. 하하하.

저는 패션은 언어라고 생각하는 사람 맞습니다. 패션이 나의 모국어라고 생각하는 사람이거든요. 그래서 말인데요. 내 패션이 내 모국어가 되려면 억지스럽지 않아야 할 거 같거든요. 이왕이면 사람들이 좋아하는 모습에 신경 쓰는 것도 물론 좋지만 진짜 내가 담긴 패션인가가 더 중요한 거 같더라고요. 모국어를 외국어처럼 어색하게 하면 웃기잖아요.

'내가 샤넬 백을 왜 사려고 하는가?'에 대해 솔직하게 까놓고 나랑 대화를 한번 해보니까 샤넬 백에 대한 갈증이 한결 가시더라고요. 그러니까 말입니다. 늘 습관적으로 하는 행동들에 대해 나에게 진짜 이유를 물어보면 좋을 거 같아요. 반복하고 있다고, 오래전부터 그래왔다고 해서 그게 꼭 내 마음이 다 담긴 것은 아닐 수도 있으니까요! 마녀님들도 한번 물어나 보세요. '습관적으로 하고 있으나 내가 담겨있지 않은 것들은 무엇인가?' 생각보다 철학적인 순간을 맛보게 되실 거예요.

뭐, 그렇다고 샤넬 백이 필요 없어진 건 아니고요. 하하.

따끔한 맛 생각

『이왕 시작한 거 딱, 100일만 달려볼게요.』의 저자 이선우 작가님을 만나러 가는 길이에요. 올림픽공원 평화의 문 근처 카페로 향하며 작가님의 책 제목처럼 저는 달려가지는 못하겠고 조금 빠르게 걷는 걸음에 오늘 만남의 기대를 살짝 덧칠해보겠습니다.

말로 하면 100일이 아니라 1000일 달리기인들 무엇이 어렵겠냐마는 100일을 하루도 쉼 없이 현실에서 달리는 게 어디 쉽냐고요. 매일 만 보 걷기에도 7세 꼬마 유치 갈이 하듯 저는 듬성듬성 인걸요. 특히나 좋아하지 않던 장르를 100일간 연속으로 반복한다는 것은 절대 호락호락하지 않음을 마녀님들도 경험으로 이미 체득했으리라 생각해요. 그러니 100일 달리기! 찐 100일! 빈틈없는 진정성 100%에 박수를 보낼 수밖에요. 만나기도 전에 왜 이리 딸랑이냐고요? 아, 실은 선우 작가님은 활자를 통해 책으로 만나는 것보다 실사판으로 만나면 훨씬 매력이 넘치기 때문이라고 말씀드리고 싶네요. 개인적으로 좋아하는 언니이기도 하고요. 히죽.

올림픽공원에 내려앉은 계절을 배경 화면 삼아 한잔하는 우리의 커피는 맛이 좋습니다, 크—.

최근에 춘천 마라톤대회를 완주한 이야기부터 불이 붙었네요. 코로나의 가해와 갱년기의 공격을 다스리기 위해 시작한 언니의 달리기는 점점 진심이 되어가고 드디어 언니를 대표하는 습관으로 자리 잡고 있다는 게 느껴지더라고요. 지켜보는 저도 미소가 설레발인데 언니는 그런 자신이 얼마나 좋아졌을까요. 하하 그런데 갑자기 이게 무슨 소리래요? 언니는 이제 다이어트 달리기를 해야겠다면 귀여운 표정의 볼멘소리를 내어놓지 뭡니까! 잉?

이유인즉슨 책 제목에 떡하니 100일간 달렸다는 팩트가 적혀있다 보니 여러 매체에서 인터뷰 첫 질문으로 "작가님. 그래서 100일 동안 총 몇 킬로그램 빼셨어요?"라고 묻는다는 웃픈 고민이었죠. 다이어트를 목적으로 한 달리기가 저자의 의도가 아니었음을 책을 읽어 본 인터뷰어 였다면 알고 있었을 텐데 말이죠. 그래도 사람들은 부작용으로라도 이러나저러나 살이 빠졌는지에 관심을 두고 있다는 거겠죠?! 그래서 언니는 뭐라고 대답했는지 궁금해졌고 답변은 이와 같았습니다.

"아. 처음에는 3kg이 빠졌고 5kg이 다시 쪘다가 3kg이 다시 빠졌습니다."

머쓱. 우리는 사람들이 달리기와 다이어트를 먼저 자연스레 연결하고 있다는 것에 안타까웠고 언니도 그 질문이 나올 때마다 원하는 답을 시원하게 줄 수 없는 것에 슬쩍 의기소침 뉘앙스가 흘러나온다는 이야기였어요. 언니의 의기소침 뉘앙스에 버럭 안타까움을 꼬집을 따끔한 생각이 떠올랐죠.

'왜 우리는 질문이 원하는 답을 주려 하는가? 바라는 답에 부응하지 못했다는 아쉬움은 왜 우리의 몫인가! 우리가 기계도 아니고 정해진 답을 구해야 할 필요는 없지 않은가!' 그러니까요. 그래서 앞으로는 이렇게 답해보세요. 라고 새로운 질문의 답을 차분하게 읊었습니다.

"작가님 그래서 100일 동안 총 몇 킬로그램 빼셨어요?"라고 물어오면 여유를 두른 목소리로 "10kg 감량했습니다! 걱정과 근심, 무기력 10kg을 마음에서 확 빼냈죠. 씨익."

어떤가요? 새로운 답변. 크. 빼려고 한 건 살이 아니라 마음의 짐이었다고 다시 작가의 의도를 상기시켜주는 거죠. 질문이 정해놓은 답에 빨려 들어가지 않고 스스로가 전하고 싶은 메시지 전하기! 다정한 말투로 말하면 더 좋고 말이죠. 그 인터뷰어님의 잘못 조준된 질문을 통해 생각하게 되었지 뭡니까…. 나의 삶에 주어지는 질문과 답의 관계 말이죠.

삶의 순간순간 주어지는 질문지를 받아 들고 무조건 질문의 정답을 구하려 하기 전에 내 삶의 맥락과 가치관에 맞는 질문인가부터 확인해봐야 한다는 거죠. 질문에 답만 구하려 하고 삶의 맥락을 놓쳤다가는 질문이 요구하는 답을 말해놓고 그 답을 억지로 계속 주장해야 하는 정말 안타까운 순간들을 마주해야 할지도 모르기 때문이죠. 생각보다 이런 순간들이 우리 삶에 많아요. 풉! 정답을 위해 솔찬히 위선을 섞어 말하다 보면 나중엔 진짜로 내가 무엇을 원했는지조차도 뉘엿뉘엿 해져버리니까요. 자격시험에 응시하는 것이 아니라면 삶에 주어진 아무 질문에나 꼭 답을 해야 한다는 굳어진 생각조차도 벗어버리면 더 좋고요. 빙긋.

참. 살면 살수록 느껴지는 건데요. 이거저거 벗어버리고 덜어버릴 것이 단지 살 뿐만이 아닌 거 같아요.

거북이가 바보였겠니!

"자기야 말 좀 그만하고, 그냥 TV 좀 보면 안 될까?"
"아직도 누구랑 통화 중인거야?"

필 받으면 드라마를 보면서 남주, 여주의 대사에 또박또박 대사를 받아치게 되죠. 읽고 있는 책에다 대고도 어쩌고저쩌고 제 의견을 이야기하는 모습 때문에 남편에게 종종 듣는 말이랍니다. 뭐가 그렇게 드라마에, 책에, 할 말이 많냐고 그럴 거면 당신이 쓰라고 말이죠. (그러고 보니 남편의 이런 소리가 책을 쓰게 한 걸까요? 일리 있어. 일리 있어)

이런 버릇은 드라마, 책은 물론 각종 속담이나 옛날이야기에도 딴지를 걸어보고 말대꾸해보는 재미난 놀이인 듯하면서도 다양한 인사이트를 추출하는 방법이랍니다. 오늘도 커피 한 잔 들고 침대에 누워 TV 채널을 돌리던 중 그 흔하디흔한 토끼와 거북이를 각색한 이야기가 나오고 있었는데요. 또 그 버릇 어디 가나요. 또박또박 말대꾸가 시작되었답니다. 마녀님들도 다 아시잖아요! 걔네 둘이 오래전에 달리기 경주한 거.

음, 귀여운 외모의 토끼에게 달리기는 천적으로부터 자신을 지키는 기술이니까, 말해 뭐합니까! 달리기 경주는 토끼가 이름 걸고 제일 잘하는 영역이죠. 그런데 꾀를 부리는 통에 달리다 말고 낮잠을 자버리는 바람에 결국 경주에서 토끼가 지잖습니까! 결국, 이 오래된 이야기를 통해, 뛰어난 재능이 있더라도 꾀를 부리면 안 된다는 '꾀'에 관한 교훈을 한 움큼 쥐여주죠. 근데 사실 낮잠을 잔 것보다 경주의 상대를 애초에 거북이로 택한 것부터 꾀 중의 꾀 아닌가요? 크크.

반면 거북이는 타고난 재능이 상대적으로 부족하지만, 꾀부리지 않고 성실하게 경주에 임해서 결국, 경주에서 이기기는 하는데 말이죠. 사실은 뭐 거북이가 성실해서 이긴 건가요. 토끼가 낮잠을 자서 이기는 일을 당한 건데, 왜 여기서 거북이를 통해 성실을 가르칠까요. 음…….

거북이에게 배울 점이 정말 성실함일까? 라는 생각이 들기 시작한 거죠. 거북이가 몇 살 때 그 경주를 했는지 적혀있지는 않지만, 거북이는 장수의 상징이잖아요. 바다와 육지를 번갈아 가며 산전수전 다 겪고 그 오랜 세월 장수하며 얻은 삶의 지혜가 유전적으로도 적잖을 텐데 말이죠.

애초부터 말도 안 되는 달리기 경주를 거북이는 왜 한다고 했을까요? 개가 좀 느릿느릿한 거지 바보는 아니잖아요. 분명 토끼랑 달리면 진다는 걸 모를 리가 없었을 거예요. 그런데 거북이가 왜 경주를 한다고 했을지가 너무 궁금해서 죽겠더라고요. 왜 그랬지. 왜 그랬을까…. 거북이는 왜 그랬을까? 거북이는 왜 경주를 수락했을까! 한밤에 재미난 꼬꼬무가 시작되었습니다.

첫 번째 생각! '걔는 거북이 무리에서 성장한 거북이가 아니다.'

그 거북이는 어렸을 적 무리에서 이탈해서 토끼무리에게 쭉 키워진 거북이였을 거라는 거죠. 그래서 자신이 거북이가 아니라 유난히 느린 토끼라고 생각하고 있었을 것이다. 크크크. 동물농장 같은 프로그램을 보면 개들 무리에서 자란 고양이는 자신이 개라고 생각한다고 하는 사연을 본 적이 있거든요. 고로 자기 외모가 좀 남다른 토끼라고 생각할 뿐 토끼와 토끼의 경주라고 생각해서 받아들였을 수도 있다. 음, 잘못 매칭된 정체성의 문제로 경기를 수락했다? 그런 걸까…….

두 번째 생각! '거북이는 뇌 질환을 앓고 있었다'

오래 살다 보니 거북이는 노화로 인해 뇌 건강에 문제가 생겼고 뇌 질환이 심해져서 사리 판단이 어려워진 거북이는 불리한 경주를 받아들였을 수도 있다? 심한 뇌 질환을 앓고 있는 거북이와 토끼의 경주라고 생각하면, 이야기가 너무 불쌍해지는데…. 음……. 이러면 잔혹동화잖아.

세 번째 생각! '사실은 토끼의 복수전이었다'

육지에서 달리기 경주가 있기 전 수중전이 앞서 있었고 거북이에게 참패한 토끼가 형평성을 주장하며 육지전을 제안했기에 거북이는 거절할 수가 없었다. 아니 그럼 복수전에서 토끼가 낮잠을 잤단 말이야? 복수전에 낮잠 자는 설정은 좀 복수에 대한 예의가 아니죠? 음….

그러다가 떠오른 가장 유력한 '마지막 생각!'

만약 토끼가 생각한 경주의 목적과 거북이가 생각한 경주의 목적이 달랐다면? 그러니까 서로 다른 목적에서 이 경기가 시작됐다면…. 토끼는 거북이를 이기는 게 목적이었지만 거북이는 애초부터 토끼를 이기는 게 아니라 평소보다 향상된 자신의 실력을 키우기 위해 완주에 목적을 두었다면 어떨까요. 거기에 한술 더 떠서 오히려 거북이는 한 달 후에 열릴 전국 거북이 달리기대회를 위해 토끼와의 경주를 훈련으로 삼은 거라면 그렇다면 거북이는 토끼에게 지는 것이 실패라고 전혀 여기지 않았겠구나. 토끼를 페이스메이커 삼은 거였구나! 그렇기에 그 경기를 수락할 수 있었겠단 생각에 고개가 끄덕여졌습니다. 음…. 제가 거북이였다면 그래서 경주를 수락했을 거 같다는 거죠. 끄덕끄덕.

"토끼와 거북이의 경주! 거북이가 경주를 수락한 이유는 바로 이거였어!"

우리의 삶에도 이 생각을 살짝 데려와 보면 어떨까요? 우리는 본능적으로 이기는 걸 좋아하잖아요. 그래서 이기는 경기만을 하고 싶어 하죠. 졌다는 걸 받아들이기가 불편하니까요. 하지만 말이죠. 때론 지는 것에 대한 두려움을 뚫고 진짜 자신을 성장시킬 기회를 만드는 것은 큰 그림 속에서 보면 결코 지는 게 지는 게 아닌 거 맞잖아요. 그러니까 거북이는 엉금엉금이 아닌 뚜벅뚜벅 이었다는 거죠. 뚜벅뚜벅 자기 길을 가는 것과 엉금엉금은 다른 의미니까요. 마녀님들은 어떻게 생각하세요?

음……. 그럴듯해. 그럴듯해! 만약 내 생각이 맞았다면 그 거북이 될 놈일세. 허허.

이제 그만 말할 수 있어요?

지금은 중딩이 된 큰딸 신비가 남긴 6세 어록 중 어록을 소개해 볼까 해요. 그날따라 유치원에 안 가고 저를 따라나서겠다는 유치원 땡땡녀 신비와 함께 카페로 향하는 걸음걸음에 반가움이 잔뜩입니다. 오랜만에 만날 친구들과의 수다가 벌써부터 재밌는 거죠. 여자 셋이 모이면 접시가 깨진다고 했는데, 오늘은 화력 좋은 여자 다섯이 모이니까 카페 접시는 물론이고 아마 카페 인테리어가 남아나는 게 없겠죠? 하하. 카페 문을 열자마자 반가운 목소리가 귓가에 마중을 나옵니다. 지금부터는 시곗바늘이 게을러터져서 느릿느릿 가기만을 바라게 된다니까요. 시간아 가지 마! 가지 마! 우리 맘껏 수다할 수 있게 해주렴. 히죽.

커피나 한잔 가볍게 마시자더니 친구들은 왜 금은보화를 온몸에 디스플레이 한 걸까요. 풉! 이에 질세라 제 귀에도 이미 볼드한 귀걸이가 주렁주렁 열려있습니다. 한껏 치장한 여자 넷이 동시에 오른손을 번쩍 올리고 가지런한 치아 12개를 드러내며 반겨줍니다. "여기야. 여기." 주문한 커피 한 모금을 마시기도 전에 이미 시작된 '오늘의 수다' 오수다의 첫 주제는 함께 온 신비의 영향인지 아이들 이야기로 시작됩니다. 우리 아이는 또래보다 키가 크네. 작네…. 영어학원은 어디를 보내느냐…? 왜 피아노 치는 게 싫은지 모르겠다…. 아토피가 어쩌고저쩌고…. 학습지를 바꿔야겠다…. 밥을 잘 먹네. 안 먹네…. 등등 어찌 이리 끊김이 없는지 신기하다니까요.

아이들 밥 이야기하다가 갑자기 화두가 우리의 뱃살로 넘어오는 건 뭐 비교적 자연스러운 주제 전환인 편이죠. 다들 요즘 들어 뱃살이 떡상했다며 옷이 안 맞는다, 몸이 무겁다는 주장을 펼치는데 말이죠. 사실 우리는 오래 봐와서 알잖아요. 서로가 예전부터 뱃살을 꾸준히 소장하고 있었다는 걸 말이죠. 후훗. 그래도 누구 하나 "너 원래부터 그랬다"라는 팩폭 없이 넘어가는 자비로운 분위기입니다. 한 수 더 떠서 "넌 뱃살 있어도 얼굴이 작아서 하나도 안 뚱뚱해 보여"라는 둥 "사실 여자가 나이 먹고 너무 마르면 볼품없어"라는 둥 서로 지금이 딱 좋다는 응원 섞인 결론을 내려주기도 하죠. 참 좋은 친구들 맞죠? 그러다가 이렇게 살이 찐 이유는 다 '그 인간 때문이다.'로 주제가 흘러가는 거죠.

그 인간이 누군지는 다 아시죠? 같이 사는 그분 이야기가 시작되면 자연스레 시댁으로 주제 범위가 즉각 확장되면서 그간 있었던 에피소드들이 본격적으로 그랜드 오픈하는거죠. 마치 오디션 프로그램이 시작된 듯 '누가 누가 더 열 받겠나' 베틀로 들어가는 거랍니다. 그 사이에 집안 대소사가 있었던 친구는 강력한 우승 후보 반열에 오릅니다. 이 베틀에는 절대 규칙이 딱 하나 있습니다. '바로 우리 집 그 인간은 나만 욕해야 한다.'

그러니까 친구네 그 인간 에피소드를 듣고 "니네 남편 진짜 답없다" "야 나 같으면 못산다 못살아. 너니까 살지!" 같은 격한 공감의 반응은 저어어어어얼대로 하면 안 된다는 거죠! 만약 규칙을 어기고 위의 격한 공감을 보였다면 그 친구는 살벌한 전쟁을 준비해야 합니다. 공감도 때를 맞춰서 해야 공감인 거 아니겠습니까. 눈치결핍의 격한 공감은 우정에 극심한 가뭄을 불러일으키는 거죠.

그 인간을 주제로 한 '누가 누가 열 받겠나' 베틀에 열심히 참전하다 보면 다섯 명 모두 한숨을 쉬며 맞이하는 대망의 클라이맥스 주제로 넘어가게 됩니다. 바로 '돈이야기죠. 돈!' 오, 돈 자랑은 금물이에요. 우리의 걱정은 내 통장 잔고의 진로가 너무 명확하다는 그것에 있잖습니까. 나의 진로는 항상 갈팡질팡 고민인데 왜 내 통장잔고의 진로는 고민 없이 딱 정해져 있을까요. 내 통장 잔고의 확실한 진로 바로 카드사. 즉 이번 달 결제 대금이잖아요. 꼬박꼬박 잘도 빠져나가는구나. 쩝.

클라이맥스인 돈이야기가 시작되자마자 이땡땡이 압도적인 이야기를 꺼내 들었습니다. 이땡땡네 그 인간이 빌린 돈으로 주식을 하다가 그 돈들이 요단강을 건너고 있다는 이야기. 아, 그 이야기 시작된 후로 베틀다운 베틀도 못 해보고 흥분한 이땡땡 목소리가 30분이 넘게 쟁쟁 울려 퍼지던 중이었습니다. 제 옆에서 딸기 라떼를 마시던 신비가 갑자기 주먹 쥔 오른팔을 귀 옆으로 바짝 붙이며 손을 번쩍 드는 거예요. 오잉? 모두의 시선이 신비에게 옮겨졌죠.

"머리띠 한 친구. 이제 그만 말할 수 있어요? 다른 친구들도 말하고 싶을 텐데…. 놀이는 같이해야죠."

3초 정적 후, 신비가 던진 말에 우리는 모두 요단강 이야기를 멈추고 배에 근육통이 생기도록 크게 웃었습니다. 아 진짜 웃다가 살 빠질 뻔 했다니까요.

신비가 던진 한마디로 우리에겐 귀여운 규칙이 하나 더 생겼습니다. 자신만의 이야기로 독주하는 친구에게 "친구, 이제 그만 말할 수 있어요?"라고 신비 말투로 이야기해 주는 거죠. 그러면 모두가 크게 웃게 되고 '아하' 하고 조절하게 된답니다. 우리 대화에 신호등이 생긴 기분입니다. 뿐만 아니라 출구 없는 미로 같은 이야기로 분위기가 어둑어둑해질 때도 신비의 어록으로 분위기의 조도를 높일 수 있게 되었다는 거죠. 6세 딸이 가르쳐 준 너무나 맞는 대화법! 그날 이후로 한동안 반성하게 되더라고요. 가까운 사이일수록 듣기보다는 내 이야기만을 말하고 있었던 건 아니었는지…. 대화에도 신호등이 있는 거지…. 맞지 맞아.

그 후로 노력합니다. 누군가와의 만남에서 신비가 지적한 머리띠 한 친구가 되지 않게 말이죠.

아, 그간 내 이야기만 주구장창 들어 주느라 고생했던 나의 사람들에게 이비인후과 진료비용이라도 지원해야 하나 생각하게 되는 오늘입니다. 후훗.

트민한 무늬 트담녀되기

나는 어떤 마녀인가? 트민 마녀인가! 트담 마녀인가! '트민녀' 트렌드에 민감한 사람을 말하죠. 요즘 핫한 문화, 패션 등에 관심이 많고 그것을 따라가고자 노력하는 여자들을 이르는 말이잖아요. 여자만 그런 건 아니죠. 트민남도 있으니까요. 아니. 그 트렌드가 뭐길래! 이렇게 신조어까지 만들어내고 각종 SNS를 꽤나 섭렵하고 있을까요. '트렌드' 그게 무엇이든 뒤처지고 싶지 않은 마음은 솔직히 누구나 있을 거예요. 느리게 빠르게! 즉 속도는 선택할 수는 있어도 뒤처지는 걸 애써 선택하는 사람은 아직 살면서 못 봤으니까 말이어요. 훗.

트렌드 민감도 조사 결과를 보니 많은 응답자가 트렌드에 민감하다고 답을 했고 20대는 주로 패션, 30대는 영화, 드라마, 예능 콘텐츠, 40~50대는 재테크, 부동산에 관심을 보였답니다.

트렌드를 따라가기 위해 유행하는 영상을 찾아보고 최신유행 밈을 따라 해본다거나 서로 간에 소통을 위해 영상을 이해하려고 노력한다는 거죠. 그러니까 핫한 맛집 검색 후 직접 긴 시간 웨이팅을 무릎서고라도 남들 하는 먹방은 한 번쯤 해본다는 거예요. 이 행동들이 진짜 자신의 취향이 100% 반영된 걸까요? 내 취향이 아닐지라도 심지어 똑같은 건 싫지만 나만 안 해보는 건 더 싫은 묘한 현상이 트렌드에 대한 우리의 태도가 아닌가 싶어요. '트렌드에 뒤처지기 싫다'라는 응답자의 반응에서도 알 수 있듯이 트렌드는 우리를 앞서 끌고 있다는 거죠.

일상에서뿐만 아니라 비즈니스에서도 트렌드는 이미 중요한 키워드가 되었죠. 매년 발표하는 트렌드 코리아를 비롯한 트렌드를 분석한 책에 한 번쯤 관심을 갖게 되고 꼭 책을 읽지 않더라도 핵심만 정리된 카드 뉴스나 편집된 영상을 찾아보게 되죠. 주변 사람들로부터 공유받게 되기도 하고요. 벌써 연말만 되면 여기저기 단체카톡방에 다음 해에 대한 트렌드 정보들이 이미 즐비하잖아요.

내가 원하든 원하지 않든 우리는 트렌드라는 무늬를 직 · 간접적으로 띠고 있는 것 맞는 거 같아요. 트렌드 속에는 우리의 욕구가 담겨 있고 그 욕구를 해소하거나 해결하는 곳에 돈이 모이게 되기 때문에 비즈니스에서도 트렌드 분석은 중요한 거겠죠? 시대의 흐름을 파악하고 사람의 마음을 읽는다는 건 참 어렵지만, 그 속에 수많은 비즈니스의 가능성이 존재하기에 다들 알고 싶어 하는 거잖아요. 첫 책을 준비하며 기획하고 미팅을 할 때도 트렌드를 고려하지 않을 수가 없더라고요. 오로지 내가 하고 싶은 이야기만 줄창 하면 누가 좋아하겠어요? 아마 제 가족들도 안 읽을걸요? 제가 쓰고 저만 읽을 거예요. 아마도. 퓹.

제가 들려 드릴 수 있는 이야기와 마녀님들이 듣고 싶은 이야기는 무엇일까의 접점을 잘 찾는 것! 솔직히 저도 그 부분이 가장 어렵고 지금도 어렵습니다. 근데 이런 솔직함이 트렌드와 맞아서 글을 쓸 수 있는 기회가 생긴 것도 맞긴 하거든요. 10년 전이라면 책이라는 도구를 통해 제 이야기를 전달하지 못했을 거예요. 그 당시 출판 트렌드와는 안 맞았으니까요! 이러나저러나 트렌드는 신경을 쓰고 싶지 않아도 신경 쓸 수밖에 없는 존재인 빼박켄트죠. 그렇다면 오늘의 이야기는 '트렌드에 민감한 트민녀가 됩시다'라는 것이냐! 노놉! 아닙니다.

'트민한 무늬를 가진 트담녀가 됩시다.'라는 이야기입니다. 다시 한번 강조할게요. '트민한 무늬를 가진 트담녀가 됩시다!' 트담녀는 무엇인고! 트렌드와 담쌓은 여자를 뜻하는 말입니다. 아니, 기껏 트렌드를 신경 써야 한다고 여태 이야기하고는 이게 무슨 오락가락 스펀지밥 반바지 같은 소리냐 싶으시죠? 흐흣.

트렌드가 흐름이니까 트렌드에 올라타야 하는 건 맞지만 말이죠. 마녀라면 트렌드와 담쌓아야 하는 고유영역이 분명히 있다는 이야기입니다. '내 삶을 이끄는 키워드' '나 스스로 가치 있다고 여기는 것들' '나를 표현하는 내 언어' ' 내가 진짜 마음먹은 일'은 흣하고 흔한 트렌드와 또렷이 담을 쌓아야 하지 않을까요?! 맞잖아요. 끄덕끄덕.

우리는 마녀로 살아가기를 원하죠! 즉 마음먹은 대로 살아가는 여자가 되고 싶은 사람들이잖아요. 그러니까 마음의 저 깊숙한 중심은 트민이 아닌 나만의 트담이 되어야 지킬 수가 있다는 이야기입니다. 즉 트렌드를 따라가기 위한 노력도 좋지만, 나의 고유성이 탁해지지 않도록 트렌드와 담쌓기 위한 노력에 좀 더 진심이어야 하지 않을까요? 그렇기 때문에 마녀로 살아가기 위해서는 트렌드 코리아도 좋지만, 나만의 트담 코리아가 먼저라고 위트있게 주장하는 바입니다. 어디까지나 뭐, 제 주장입니다. 동의하셔도 좋고, 동의하지 않으셔고 좋고요! 빙긋.

여튼간에 내가 살고 싶은 방향은 트민이 아닌 트담으로 힘껏 맘껏 밀어 부쳐보자고요!

그나저나 2024 트렌드는 또 어떤 것들일지, 역시 기웃거리고 싶긴 하네요. 후훗.

편식만이 살길

"DJ 래피여? 제가 아는 DJ 중에 최고였어요!" 아, 영화 타짜 김혜수 언니 대사 패러디한 건데 글로 쓰니까 느낌이 영 안 사네요. 안 살아. 피식.

〈SBS 러브FM 래피의 드라이브 뮤직〉의 DJ 래피 님과 함께 부천으로 향하는 차 안입니다. 사람북닷컴 박제인 대표님의 사무실 오픈을 축하해주기 위해 우리는 달리는 중이죠. 사주명리학에 관한 생각의 얼룩을 지워준 사람. DJ 래피! 나를 살리고 건강을 돌보고 스스로의 운명을 바꿀 수 있다고 외치는 활인 명리학의 고수와의 대화 중 얻게 된 깨달음을 랩 하듯 어디 한번 읊어보겠습니다. 비트 주세요– 예– 예–.

생물학적 나이 차이는 사실 별반 나지 않습니다. 근데 래피님과 대화를 하면 이 사람은 한 600살은 된 사람 같다는 생각이 들곤 해요. 나이와 상관없이 나에겐 마냥 어른인 사람 있잖아요. 차를 얻어 타고 갈 참이니까 커피 두 잔 센스 있게 들고 타면 좋겠다고 생각해서 전화를 걸었습니다. "오빠. 따아로 할까요? 아아로 할까요?" 그랬더니 대뜸 "생과일 주스 중에 하나 부탁할게."라는 답변이 돌아왔습니다. 커피를 생명수처럼 여기고 몸에 흐르는 피 중의 절반이 커피라고 설명할 만큼 커피를 사랑하는 제게는 살짝 예상치 못한 대답이었죠. 아…. 그렇지! 꼭 커피를 마셔야 하는 건 아니지. 음, 앞으로는 이렇게 이분법적으로 메뉴를 묻지 말아야겠다고 생각하며 토마토주스와 커피를 들고 차에 올랐습니다.

땡큐라는 말과 함께 눈동자가 다 가려지도록 양껏 눈웃음을 지으며 토마토주스를 받아드는 래피 오빠는 "주스 잘 마실게. 오빠는 커피가 안 맞아"라고 말하더군요. 속으로 그랬어요. 너무 슬프겠다. 커피의 행복을 모르고 살다니…. 근데 커피 말고도 제가 좋아하는 돼지고기 · 소고기도 안 먹는다는 거예요. 근데 물고기는 또 먹고, 말이죠. 대체 전생에 무슨 대역죄를 지었길래 왜 이 행복을 멀리하며 수행자의 삶을 사는지 무척 궁금하던 그때 래피 오빠의 아버지 이야기가 막 시작되었습니다.

래피 오빠의 아버지는 형사셨답니다. 체력관리를 위해 운동을 꾸준히 하시는 아주 건장한 체구 셨는데 직업 특성상 식사를 제때 못하셨지만, 야식과 알코올은 제때제때 챙겨 드셨다고……. 그 결과 얻게 된 암이라는 큰 병으로 투병하며 쇠약해지신 아버지를 병

간호하기 위해 몸에 관한 공부를 래피 오빠는 시작하게 되었다는 거죠. 우리 모두의 얼굴도 다르듯 몸도 모두 다르게 타고나는 체질이라는 게 있고 체질에 맞는 음식을 선택하기 위해서 자신만의 체질을 알아야 한다는 겁니다. 더 중요한 건 '잘 맞는 음식'보다 '안 맞는 음식'을 가려내기 위해 알아야 한다는 거예요. 듣고 보니 일리가 있는 찰떡같은 이야기입니다.

나를 망치는 음식을 알아야 적극적으로 피할 수 있을 테니, 실은 나에게 맞는 음식을 알아두는 건 둘째치고 안 맞는 음식은 선택사항이 아니라 반드시 알아둬야겠다는 생각이 들더라고요. 타고나는 체질에 대해 명리학적으로 쉽게 풀어주니까, 명리학을 무속신앙으로 잘 못 이해하고 있는 유윤주같은 무식한 새침데기들에게는 유용함이 퐁퐁 마구 솟아나는 거죠. 이런 체질적인 이유로 래피 오빠는 커피도 마시지 않고 고기도 멀리하는 거였어요. 100kg 넘는 거구에서 지금의 모습으로 바뀐 것은 체질에 안 맞는 음식을 멀리하고 체질에 맞는 음식을 가까이하는 원리를 받아들이고 음식 선택을 바꿨기 때문이라고 덧붙여 이야기했습니다.

래피 오빠의 탐나는 비포 에프터까지 듣고 나니까 마녀님들 어떠세요? 마녀님들도 아마 저랑 같은 반응이실 것 같아요. "그럼 제 체질도 한번 봐주세요. 생년월일이 뭐냐면요". 크크크. 어찌 안 물어봅니까! 호기심 가득 물었고 곧 알게 됐습니다. 전문용어는 다 휘발되어서 기억에 없지만, 기억에 확실히 남는 건 바로 이거예요. 유윤주에게 돼지고기는 엑스! 소고기는 완전 동그라미! 닭고기 세모! 바다 생선 엑스! 그러니까 평소 돼지의 모든 부위를 사랑하는 저는 돼지와는 의도적으로 소원해져야 하고 소와는 완전 사랑에 빠져야 한다는 거죠.

이 이야기를 듣고 난 후 신기하게도 음식을 조절하고 있는 제 모습을 종종 보게 되었습니다. 돼지고기 기회를 한번은 패스하려고 노력하고 소고기를 선택할 기회에는 다소 적극적 이어졌다는 거죠. 알면 달라지 는 게 있더라니까요. 끄덕끄덕. 하여튼 그렇습니다. 내 입의 취향과 몸의 취향이 다를 수 있다는 것! 그렇기 때문에 입이 좋아하는 것만 주장하다가는 몸이 힘든 상황에 빠진다는 조언을 받아들이게 되더란 말입니다.

체질에 관한 이야기를 주고받은 끝에 달리는 차 안에서 우리는 야무진 결론을 내립니다. '골고루 잘 먹어야 튼튼해진다.'라는 오랜 진리인듯한 뉘앙스의 말은 편식하지 말고 다 잘 먹어야 한다는 말이 아니고 '스스로의 체질에 잘 맞는 음식의 범위 안에서 골고루 먹어야 한다.'라는 것이죠. 그런 의미에서 보면 각자의 '체질에 맞는 편식'은 반드시 필요하다는 것이고 말이죠. 즉 '내게 맞는 편식만이 잘 살길이다.' 오오. 일리 있어! 일리가 완전 있어!

그날 저녁 침대에 누워서 제 체질 표를 보고 멀리해야 할 음식들에게 슬픈 안녕을 고해야 한다는 생각을 하고 있던 순간 뜬금포 질문 하나가 떠올랐죠. 내 몸의 체질과 안 맞는 음식은 멀리할 생각을 하잖아. 그렇다면 '내 영혼의 체질과 안 맞는 사람들과도 멀리해야 하나?' 응? 혼잣말 중얼중얼…. 혼잣말 중얼거리다 내린 결론은 '사람도 역시 편식해야 한다.'입니다.

내 영혼의 체질과 안 맞는 사람은 멀리 두어야 합니다. 의도적으로 소원해져야 한다는 거죠. 일단 내 영혼이 건강해야 하니까요. 그렇다면 영혼의 체질이 맞는지 아닌지 어떻게 구별하냐고요? 생각보다 간단하던걸요.

머릿속에 카톡 리스트에 있는 사람들을 쭉 떠올려봅니다. 그 사람을 생각했을 때 마음속의 에너지 온도계가 영상으로 조금이라도 움직인다면 그 사람은 통과! 반대로 마음속의 에너지 온도계가 영하로 떨어진다면 바로 그 사람이 내 영혼의 체질과 안 맞는 사람입니다. 적어도 지금은 말이죠. 그러니까 머릿속에 떠올린 그 사람 때문에 표정이 일그러지거나 고개가 갸웃거려지고 입에서 쓰읍—하는 소리가 난다면 적어도 힘들 때만이라도 무조건 만나지 말자고요. 남편, 남자친구, 부모님, 친구일지라도 에너지 온도계를 영하로 떨어트린다면 잠시 거리를 두는 것이 나의 영혼을 지키는 똑똑한 방법인 거 같아요. 뭐 그들의 존재를 사라지게 할 수 없으니까 말이에요.

내 영혼의 체질도 꼭 살뜰히 살펴주자고요! 끄덕끄덕.

뷰티풀한 공주 빙의

오늘부터 공주가 되어보렵니다. 압니다. 저는 공주가 아니라 윤주라는 것을! 야심 차게 신분을 좀 바꿔보려고 공주하면 떠오르는 블링블링한 왕관이랑 커다란 푸른 보석의 귀걸이와 반지, 목걸이 세트 그리고 팔꿈치까지 올라오는 세틴 장갑을 무려 쿠팡에서 11,000원을 지불하고 풀세트로 구비 했답니다. 아하하! 도착하자마자 왕관부터 냅다 쓰고 주렁주렁 플라스틱 보석 세트로 치장 후 마무리로 장갑까지 장착하니 제법 공주 같지는 않고 우스꽝스럽고 좋네요. 하하하.

집안에 우환이 있어서 드디어 정신줄로 줄넘기를 하는 것이냐? 물으실 수 있겠으나, 갑자기 공주가 된다고 선언한 것은 바로 새롭게 시작한 챌린지 때문이랍니다. 완독보다는 매달 선정도서를 꼬박꼬박 모으는 회원이지만 제법 진심으로 참여하는 독서 모임이 있거든요. '내 마음은 충전 중'이라는 따듯한 저서의 저자인 김근하 대표님과 함께하는 마커스 리딩이 바로 저의 진심 어린 그곳이랍니다.

이번 달은 이동환 박사님의 '이기는 몸'이라는 책을 함께 읽고 우리의 삶 속에 작은 흔적을 남겨보는 챌린지가 30일 동안 시작되었는데요. 저는 내 몸을 깨끗하게 만드는 클린 식단에 도전했거든요. 기특하죠? 어떻게 하면 스스로에게 힘찬 동기 부여를 해줄 수 있을까 골똘골똘하다가 요즘 트렌디한 부캐 설정을 해보기로 한 거죠. 유재석이 유산슬로 활동한 것처럼요. 그러니까 30일 동안 저는 마커스 왕국의 공주로써 살아가면서 공주다운 품위를 갖추고 식사시간에 몸을 깨끗게 하는 클린 식단에 임하는 거랍니다.

상상해보세요! 식사시간마다 왕관을 쓰고 플라스틱 보석 세트를 걸치고 장갑까지 끼고 식사를 하는 유윤주. 어느 나라 공주가 아무 음식이나 막 허겁지겁 먹깨비처럼 먹겠습니까! 공주 차림이라 천천히 먹게 될 테고 그럼 배부름 신호도 충분히 작용할 테고 딱 좋죠. 공주라고 뭐 비주얼이 다 뷰티풀하지는 않을 수도 있겠으나 제가 추구하는 뷰티풀의 해석은 이렇습니다. '뷰티:풀 – 예쁘고 아름다워지려면 풀을 먹어야 한다.' 이런 뷰티풀! 어때요? 그럴싸하죠? 그리하여 뷰티풀한 윤주 공주의 클린 식단이 막 시작되었답니다.

직접 만든 닭가슴살 샐러드와 저항 녹말로 변신시킨 고구마를 접시에 예쁘게 담고 공주 세트를 주렁주렁 걸치면 공주로 변신 완죠. 인증샷 몇 장 찰칵 남기고는 우아하게 첫 식사에 들어갔죠. 뭔가 기분 탓인가 진짜 공주인 양 먹게 되더라고요. 우아한 척하며 말이죠. 워낙 재미있는 거 좋아하는 저랑 잘 맞는 설정인 거 같았죠.

그런데 말입니다. 삐―삐―삐―삐이! 현관문 비밀번호키를 누르는 소리가 들려옵니다. 허억! 마커스 공주로 변신했는데 하필 이 시간에 가족 중 누가 온 걸까요? 잠시 쫄깃한 침묵이 흘렀고 5초 후 남편과 찌릿 눈이 마주쳤습니다. 살짝 뻘쭘한 제가 먼저 선수를 쳤죠. "어허, 나는 마커스 왕국의 윤주 공주님이다!" 꽤나 넉살 좋은 남편은 "네네― 공주님! 샐러드 그렇게 많이 드시면 살 안 빠져요!"라며 실실거리며 방으로 들어가더라고요. 귀신같은 X! 샐러드를 먹어도 살이 안 빠지는 이유를 바로 간파하다니…. 쩝! 이렇게 신랑한테 먼저 공주 신분을 노출하게 되었고, 다음엔 아이들에게 노출당했지요. 비와 별이는 까르르거리며 "엄마! 유튜브 시작했어?"라며 마냥 재미있어하더라고요. 여튼 다 노출되고 나니까 집에서 공주로 변신은 참 수월해졌고 나름 그 시간을 즐길 수 있었습니다. 사실 뭐 공주나 윤주나 같은 '주'라인이기도 하고요. 여튼 식사시간이 좀 재밌어졌죠.

그런데 말입니다. 문제는 집이 아닌 밖에서 식사할 때였다니까요. 그때 화끈거렸던 얼굴이 아직도 식지 않고 종종 화끈거려요. 외출할 가방에 공주 변신품을 챙겨 넣고 스타벅스리저브 매장에 도착했을 때였습니다. 커피와 샐러드를 주문했고 친한 언니가 도착하기 전 후딱 인증샷이든 영상이든 남겨야겠다는 생각에 여느 변신 히어로 못지않게 재빠르게 공주변신 완료했죠! 분명 제 핸드폰 카메라를 보고 있는데 어떻게 주변이 다 들리고 다 보이는 걸까요? 속닥속닥, 키득키득. 언제부터 제가 인기가 이렇게 많았을까요? 유윤주에게 시선 집중! 민망함이 소 떼처럼 우르르르르르 몰려옵니다. 이럴 줄 알았으면 플라스틱 왕관 말고 좀 있어 보이는 걸로 할 걸 그랬나요?

홀로 민망함을 다 받아내던 그때 약속장소에 도착한 친한 언니는 똥그래진 눈으로 "와그라노. 니 신랑 하는 일 요즘 으렵나." 우리는 한바탕 크게 웃었고 저는 공주로 변신하는 새로운 챌린지 이야기를 들려주었죠. 스벅이후 식당에서도 몇 번 변신 시도는 해보았으나 이건 원활한 사회생활과 원만한 대인관계를 위해 넣어두어야 하는 행동이다라고 이내 깨닫게 되었습니다. 그렇다면 이제 민망함에 무릎 꿇고 챌린지를 포기할 것이냐? 노놉! 아니죠, 아니죠! 얼른 버전을 업그레이드했습니다.

집에서는 맘 놓고 마커스 공화국의 공주로 변신하고, 밖에서는 식사시간에 맞춰 머릿속 이미지로 변신하는 거죠. 상징적인 소품! 큰 하트모양 푸른 보석이 달린 반지 하나만 착용했어요. 메뉴판 앞에 서서 혼자 작은 소리로 중얼중얼 "이 메뉴는 공주님에게 어울리는 뷰티풀한 클린 식단인가?" 혼자 묻고 답하고 밖에서 식사할 때도 클린 식단 챌린지는 키득키득 홀로 재미있었죠. 가방에 공주 반지하나 품고 다니는 게 이리도 신이 날 일인가 싶으시죠? 해보세요.

마녀님들에게도 왕창 추천해 드려요! 무엇인가 도전하고 있는 목표가 있다면 꾸준히 성실하게 이어나가는 것도 중요하지만 재미한 스푼 꼭 첨가해 보실 것을 말이죠. 목표를 향한 과정 가운데 재미나게 즐길 수 있는 꾸밈음표 하나 그려 넣으면 어떨까요? 재미는 무엇보다도 강력한 동기이자 지속할 수 있게 만드는 힘을 지니고 있으니까요. 하하.

다시 한번 꺼내 볼까요? 서랍 속에 있는 공주 소품들! 같이 하실 분? 손!

공유로 산다는 건 어떻습니까?

'토킹 어바웃 유' 큰 자기 유재석과 아기 자기 작은 자기 조세호 그리고 자기님들의 인생으로 떠나는 사람 여행. tvN 수요일 저녁에 방영하는 '유 퀴즈 온 더 블록' 다들 좋아하시죠? 저도 본방을 꼭 사수해서 보는 건 아니지만 편성표 버튼으로 프로그램들을 넘겨보다가 마침 발견하면 고민 없이 시청하게 되는 프로그램 중 하나랍니다. 큰 자기 작은 자기 두 남자가 티브이 밖의 사람들을 만나러 다니며 듣는 인생이야기가 참 진솔하고 은은한 게 좋더라고요. 그러다 말미엔 "유 퀴즈?"라고 묻고 퀴즈 하나를 내잖아요. 퀴즈를 맞히면 상금 100만 원을 떡하니 주고 말이죠. 우리 동네에는 언제쯤 방문하려나 하는 기대와 꼭 길거리에서 마주쳤으면 좋겠다라는 소망을 품었는데 얄미운 코로나가 프로그램 기획을 바꿔놓아서 참 아쉬웠지 뭐에요. 그 후로는 스튜디오에 몇몇 사람을 초대해서 이야기를 나누더라고요. 그래도 여전히 재미있고 덥석 감동도 주고 무엇보다도 불쑥 던지는 질문들이 잠자던 제 전두엽과 전전두엽에 불을 켜게 만들어서 참 신선하지 뭡니까. 아, 유재석 님이랑 같은 유 씨라서 이렇게 프로그램 홍보를 하는 게 아니라 이렇게 책에 언급하면 혹시나 유 퀴즈에 나중에라도 불러 줄까 싶어서 그러는 겁니다. 풉! 종잇장 같은 얄팍한 의도가 맞지만 상상만으로 벌써 즐겁네요.

오늘은 제가 잘 아는 도깨비 한 분이 나오더라고요. 비주얼만으로도 세상을 이롭게 하는 남자! 바로 드라마 '도깨비'의 그 도깨비. 공유 님이 맥심 커피믹스 컬러의 스웨터를 입고 세상 부드러운 미소를 짓고 있네요. 옷이 공유발을 받는다는 말을 증명이라도 하듯 스웨터가 그렇게 고급스러워 보일 수가 없어요. 우리 공유 님 몸에 감겨있는 저 스웨터는 지금 죽어도 여한이 없겠죠? 풉! 함께 화면에 잡히는 유재석 님, 조세호 님은 졸지에 건어물스러워 보이니 어쩐답니까……. 심심한 위로를 건네고 싶어집니다. 큭.

'20대의 리즈 시절로 돌아갈 수 있다면 돌아가겠습니까?'라는 큰자기님의 질문에 "아니요! 저는 지금의 제가 좋습니다. 피부는 그때보다 늘어지고 눈꼬리도 쳐졌지만, 지금의 제가 훨씬 더 좋습니다. 저는 점점 나이 들어가는 게 기대가 돼요."라며 20대에는 선입견과 편견에 휩싸여 있었고 나이가 들수록 유연해지는 지금의 자신이 좋다고 대답하는 200g의 뇌까지 아름다운 공유 님. 어찌 이 도깨비를 사랑하지 않을 수 있겠습니까! 외면의 아름다움보다 내면의 아름다움을 선택하겠다는 건 이미 외면의 아름다움은 엄마의 자궁에서부터 완성한 완료형이기에 할 수 있는 이야기일 수 있어도 말입니다.

큰 자기님도 같은 부류의 답을 하더라고요. 지금 알고 있는 것을 고스란히 가지고 20대로 돌아간다면 모를까 그렇지 않다면 20대로 돌아가고 싶지 않다고 말이죠. 마녀님들은 어떠세요? 이런 상상 우리 다 한 번쯤 해봤잖아요.

저는요, 조금 고민스럽지만 20대로 돌아가 볼 것 같아요. 지금 알고 있는걸 다 내려놓고 가더라도 딱 한 가지만 챙겨 갈 수 있다면 말이죠. 그 딱 한 가지가 무엇이냐고요? 바로 '지금처럼 내가 나를 좋아하는 마음'이에요. 그 마음 하나만 챙겨갈 수 있다면 다시 20대를 험난하고 찰지게 살아볼 욕심이 있고말고요! 안타깝게도 20대에는 저의 성장을 적극적으로 방해하는 절대적인 그녀가 어디든 도사리고 있었거든요. 도무지 그녀의 손바닥에서 벗어날 방법을 몰라서 이번 생은 망했다고 생각하고 체념 모드로 살았답니다. 그녀 덕분에 저는 무엇하나 제대로 도전해 본적도 더 나은 나를 꿈꿀 수도 없었습니다. 아주 지긋지긋했다니까요. 악연… 초특급 악연….

그렇다면 20대로 돌아가서 그녀를 만나지 않거나 제거하면 되지 않겠냐고요? 음, 그건 완전 불가능한 일입니다. 왜냐하면, 그녀의 이름은 유윤주! 바로 저 자신이기 때문이죠. 20대의 유윤주는 스스로를 그리 좋아하지 않았습니다. 좋아하지 않았다는 말보다 제가 저의 가장 큰 안티팬이었다는 게 더 바른 표현이겠네요. 주변에 있는 사람들과 지독하게 비교하는 병을 앓았기 때문에 저를 좋아할 수가 없는 상황이 무한 생성됐거든요. 비교가 주는 느낌이 얼마나 잔인하고 마음에 상처로 남는지 다들 아시죠. 아마 마음의 상처로 보험금을 청구 할수 있었다면 저는 사망보험금을 여러 차례 수령했을 거예요. 마음이 맨날 죽고 죽었으니까요. 아, 슬프다.

비교하다 보면 더러 주변 사람보다 더 나은 부분도 있지 않았겠습니까? 그런 건 또 야무지게 무시하고 넘어가는 거죠, 뭐. 왜 이렇게 나란 사람을 성의 없이 만들었냐고 제가 믿는 신에게 늘 컴플레인투성이였다니까요. 마녀님들 이제 좀 이해가 가시죠? 20대를 다시 살아본다면 딱 한 가지 챙겨가고 싶다고 말한 '내가 나를 좋아하는 마음'은 지독하게 남과 비교하는 병을 치료할 수 있는 유일하고 유일한 치료제이기 때문인 거죠.

제가 유 퀴즈 프로그램에 공유 님과 나란히 앉아 있는 게스트인 양 자기님들이 던진 질문에 빠져들어 혼자 묻고 답하고를 중얼중얼하던 중 작은 자기님이 공유 님에게 재미난 질문을 하나 더 하더라고요. 분위기상 원래 질문지에는 없는 돌발질문인듯했어요.

"근데 진짜 궁금한데 공유로 살아보는 건 어떤 느낌이에요?"

같은 연예인인데 마치 비연예인이 연예인에게 묻는 듯한 이 느낌 뭔지 아시죠. 작은 지기님의 표정은 꽤 진정성이 있어 보였어요. 공유 님은 정말 질문지에 있는 질문이냐고 웃으며 대답했죠. "저는 그냥 진짜 평범해요." 진짜 뭐 다를 게 없다며 이런 질문에 여기서 나는 나로 사는 게 너무 좋다라고 대답하기도 좀 그렇지 않냐고 멋쩍은 표정을 지어 보이더라고요. 연이어 큰 자기님은 "다른 사람들은 어떻게 생각할지 모르겠지만 나는 나로 사는 거 괜찮은 거 같아요!"라고 대답하는 찰라에 마치 방송사고라도 난 듯 화면이 정지된 느낌이 들었고 제 앞에 똑같은 질문이 턱 하니 배달되어있었죠.

'나는 나로 사는 것이 어떤가?'

제법 묵직한 질문 아닌가요? 음…….

20대의 유윤주였다면 아마 양손을 겹쳐 대문자 엑스 모양을 만들어 보이며 "나는 나로 사는 거 진짜 별로예요"라고 답했겠죠. 나의 모자람, 부족함에만 온통 초점이 맞춰져 있었으니까요.

같은 윤주인데 40대인 지금의 유윤주는 "나는 나로 사는 거 재미있습니다."라고 대뜸 대답할 것 같거든요. 뭐 20대보다 지금이 훨씬 업그레이드되었기 때문이 아니라 단지 초점을 다른 곳에 맞추고 있기 때문이죠. 단지 초점 차이! 다시 말씀드리지만 단지 초점 차이일 뿐이던걸요. 무엇을 자세히 들여다보고 있느냐에 따라 생각하는 내가 달라지고 내가 사는 세상이 달라진다는 걸 알게 됐다는 것이 재미의 근거니까요. 암요암요.

우리 마녀님들과 같이 생각해보고 싶은 오늘의 유 퀴즈 두 가지

'나의 리즈 시절은 언제인가?'

'나는 지금 무엇을 자세히 들여다보고 있는가?'

이 두 가지만 차근하게 답해 보면 오늘 우리의 마녀력은 거뜬히 레벨업 성공입니다.

씨익.

명예훼손 고소각

'명예훼손: 남의 명예를 더럽히거나 깎는 일. 공공연하게 다른 사람의 사회적 평가를 떨어뜨리는 사실 또는 허위 사실을 지적하는 일.'

명예훼손! 명예훼손으로 고소당하고 싶지 않으면 저는 좀 조심해야 합니다. 누가 저를 고소하냐고요? 아, 제가 저를 고소할까 합니다. 제가 저의 명예를 훼손하는 지독한 가해자이자 불쌍한 피해자거든요. 오락가락 들락날락합니다. 제 마음이 말이죠.

마녀님들. 할 수만 있다면 기억 속에서 락스로 쓱싹쓱싹 지우고 싶은 일 제법 있죠? 살면서 실수만 줄창 한 것도 아닌데 잘한 일들은 그렇게 빨리 휘발되면서, 왜 실수한 일들은 시간이 지나도 희미해지기는커녕 HD 고화질로 선명하게 기억 속에 재방에 재방을 거듭할까요. 심지어 다른 사람들은 잊은 지 이미 수만 년 전인 일들을 왜 꽉 움켜쥐고 놓지 못하는 걸까요. 저는 왜 그런 실수들을 했을까요. 흐엉. 침대에 누워 자꾸 떠오르는 옛일에 두서없는 답변이 혼잣말로 또 시작됩니다. 아 그때 이렇게 말해야 했는데…. 아 그 말은 하지 말아야 했는데… 철 지난 답변을 자꾸 만들어내는 단골 에피소드가 몇 개 있어요. 주로 하는 혼잣말은 이렇습니다.

"아. 나는 할 말이 없어서 입을 다물고 있는 줄 아니? 나도 어디 하고 싶은 이야기 다 해봐?"

그때 못한 말들이 얼마나 많은지 아직도 샤워하면서 대꾸를 한다니까요.

"돈은 네가 빌려 갔는데 왜 내가 가슴 졸이며 카톡을 하는 것인지…. 그러니까 나도 넉넉지 않으면서 돈은 왜 빌려줘 가지고…. 내 지갑 걱정이나 하지. 오지랖은…."

돈 빌려주고 못 받은 건 끝도 없이 자책, 또 자책하게 만들죠.

이런 경우도 자주 있는 상황인데요, 친구가 위로받고 싶어 왔다는 걸 뻔히 알면서도 내가 보기엔 너도 어디 가서 안 빠지는 또라이라며 팩트로 전신 마사지를 해주고는 이내 못난 내 모습에 화들짝 놀란다니까요. 엄마와의 데이트를 작정해 놓고 엄마의 이야기가 너무 길어서 못 참겠는 거죠. 그래서 요점만 말하라고 그렇게 구박을 합니다. 누가 내 이야기 끊으면 매너 없다고 버럭 하면서 말이죠.

그래놓고는 서운함 가득한 엄마의 표정을 보고는 또 속상하죠. 나는 마음이 왜 이렇게 생겨먹은 건지 도통 알수가 없어요. 에휴.

단골 실수들이 자꾸 떠오를 때마다 스스로를 향해 쏟아지는 자기 비난을 받아내느라 얼마나 고역인지 모르겠습니다. 왜 그때 그런 말을 했을까요. 하……. 말을 왜 이렇게밖에 못하는 걸까요. 왜 이정도 밖에 마음을 못 쓰는 걸까요. 마음속의 CCTV가 찌질한 내 모습을 너무 잘 보관하고 있어서인지 괜찮은 척하다가도 또 자신을 탓하고 욕하며 스스로를 가해하는 순간이 오고야 말죠.

그래서 말인데요. 분명한 건 살아가면서 꾸준히 저를 욕하고 비난하는 건, 남이 아닌 저 자신일 거예요. 아마 다른 사람에게 이렇게 꾸준하게 가해한다면 명예훼손으로 진짜 고소당할걸요? 2년 이하의 징역이나 금고 또는 500만 원 이하의 벌금에 처하는 명예훼손죄. 이건 엄연히 죄라고요. 그러니까요, 이렇게 내가 나에게 계속 죄를 짓고 계속 피해를 당하게 두는 게 맞는 걸까요?

그래서 말입니다. 마음먹은 대로 살아가는 여자, 마녀로 살아가기로 선택한 후 공들여 노력하는 습관 중 하나가 있죠. 바로 실수로 인해 '자책하는 나!' 스스로를 '비난하는 나!'를 차차 용서하는 연습이랍니다. 실수를 합리화하겠다는 게 아니라 실수는 실수로 인정하고 고쳐나가겠다는 거예요. 그리곤 실수한 찌질한 나는 내가 보듬고 용서해서 데리고 살아가야 하잖아요. 그런 나도 나니까! 내가 나를 용서하지 않는다면 자기 비난은 멈출 방법이 어디에도 없으니까요. 자기 비난을 못 멈추잖아요? 그럼 내가 나를 점점 좋아하지 않게 됩니다. 세상에서 제일 슬픈 일이 내 안에서 일어나고 마는 거죠.

자기 비난은 교만에서 시작된다는 말이 있습니다. 나 스스로에 대한 높은 기대가 만들어내는 교만 말이죠. 그러니까 이쯤 해서 우리 스스로를 향한 지나친 기대를 좀 차차 내려놓고 실수 꾸러미도 기꺼이 받아들여 보는 거죠. 나의 실수를 보듬어주고 용서하는 사람만이 다른 사람의 실수도 용서할 줄 알 테죠? 또 용서할 수 있어야 내가 나를 사랑할 힘이 생겨나는 거고, 나를 사랑해야 다른 사람도 사랑할 줄 알고 또 사랑받을 줄도 아는 거고 말이죠. 이게 다 굴비처럼 두릅으로 줄줄이 엮여있더라고요.

진리는 아주 간단한데 그게 참 어렵단 말이죠. 근데 어렵다고 포기할 수 없는 게 또 진리니까요. 진리는 역시 절대 포기할 수 없는 것이니까 진리 아니겠습니까.

마녀님들 그래서 말이죠. 제가 직접 사용하는 '자기 비난 튕겨내기 스킬' 알려드릴까 해요. 이게 이게 약발 웃기게 잘 듣는다니까요.

명예훼손. '2년 이하의 징역이나 500만 원 이하의 벌금' 기억나시죠? 스스로를 욕하고 비난하기 시작할 때 그때 딱 박력 있게 외치는 겁니다.

"2년 징역, 500만 원 벌금" 하하!

신기하게도 이렇게 위트, 팩트 섞인 말로 소리 내서 자기 비난의 흐름을 일단 컷팅하면 피식하고 웃게 되고 진짜 멈추게 되더라고요. 이게 바로 위트의 '튕겨내는 힘'이죠. 꼭 한번 사용해 보세요. 사용해 보시고 효과 있으시면 계속하세요. 만약 위트만으로 좀 어렵다면 이번엔 물리적인 자극으로 해보는 겁니다. 이름하여 마녀의 '아, 따거 기법' 따라해 보세요. 노란 고무줄을 손목에 딱 하나만 차고 다니세요. 그러다가 또 자기 비난이 스멀스멀 머릿속에 피어오르면 냅다 고무줄을 잡아당겼다가 탁 놓는 거죠. 즉시 "아, 따가워"라는 생각이 들면서 자기 비난적 생각이 컷팅 된답니다. 요거 요거 동시에 사용하면 더 효과적이겠죠? 자, 얼른 서랍 속 고무줄 찾아보세요.

자기 비난의 천적은 징역 2년, 500만 원과 노란 고무줄!

안 무섭게 죽는 방법

방금 갓 버무린 겉절이를 들들 볶아 먹는 건 김장시즌 우리 집만의 시그니처 메뉴랍니다. 겉절이 볶아서 드셔 보신 분? 손! 식탁에 김장김치 내듯 네모나미로 자르지 않고 손으로 대강 쓱쓱 쭉쭉 찢어서 기름에 볶아주는 거예요. 살짝 숨죽여 놓고는 깨소금 솔솔 뿌리지 말고 왕창 뿌링뿌링! 글로 묘사하다가 또 또 침샘이 갖은 난동을 부리네요. 츄릅! 물 말은 밥 한술 크게 떠서 볶은 겉절이 한쪽 쭈욱 찢어 숟가락 위에 똬리를 틀어 앉히고는 입을 크게 벌려 와앙—.

그렇습니다. 행복은 바로 이 숟가락 안에 있습죠. 그러나 지드래곤 오빠가 한 말은 맞았습니다. '영원한 건 절대 없어.'라 더니 행복한 나만의 겉절이 타임은 빠르게 현재에서 과거 속으로 모습을 감추고 말았습니다. 혀를 깨물었거요. 뜨악! 깨물었단 표현보다는 제대로 씹었다는 게 가깝죠. 머릿속에 순간 플래시가 팍 터진 것처럼 하얗고 귓속에 이명이 삐— 울려댔죠. 너무 아프니까 소리는 자체음 소거 처리되던걸요. 흐엉.

입속에 있는 행복한 겉절이는 단숨에 맛을 잃고 단지 걸리적거리는 장애물처럼 느껴졌죠. 통증이 가시기까지 그 10초 동안 무슨 생각이 들었는 줄 아세요? 옛날 사극에서 보면 끝까지 비밀을 지키고자 혀를 콱 깨물고 자결하는 인물들 등장하잖아요. 아니, 그 옛날 사람들은 이렇게 아픈데 죽을 만큼 어떻게 깨물었을까! 라는 생각이 그 짧은 찰나에 스치더라고요. 아무리 생각해봐도 혀 깨물고 죽는 건 너무 아파서 못하겠다는 생각이 순간 들면서 그렇다면 '세상에서 가장 안 무섭게 죽는 방법'은 무엇일까? 라는 엉뚱 물음표가 머리 위에 우뚝 솟았죠. 막 겉절이 먹던 이 숟가락을 들고 어디 한번 지금 나열해보겠습니다. 일단 혀 깨물고 죽기는 바로 탈락! 방금 체험해본 결과 너무 아파요. 너어어어어무!

그렇다면 '높은 곳에서 뛰어내리기' 어떨까요? 얼마큼 높이에서 뛰어내려야 안 무서우려나…. 어설픈 높이에서 뛰어내리면 안 죽을 수도 있으니까 이왕 뛰어내리는 거 좀 높은 게 낫겠다 싶기도 하고요. 신발을 벗어 놓고 뛰어내리는 건 너무 고전적인가요? 신고 뛰어내리는 게 더 나은가…. 별생각을 다 하다가 아무래도 높은 곳에서 뛰어내리는 건 안 되겠다 싶은 결정적인 이유가 떠올랐습니다. 제가 어렸을 적부터 다소 고소공포증이 있거든요. 그래서 높은 곳에서 뛰어내리는 건 너무 무서운 관계로 안 되겠더라고요. 바로 탈락! 쩝.

그렇다면 '한강에서 풍덩' 이건 어떨까요? 한강 다리는 너무 높아서 위에 언급한 이유로 다리에서 뛰어내리는 건 어렵고 그럼 한강공원에서 강으로 직접 입수하는 방법뿐이네요. 어디서 전에 봤는데 물에 빠져 죽는 게 제일 고통스럽다고 하더라고요. 게다가 특히 지금은 날씨가 쌀쌀해져서 물이 너무 차갑잖아요. 추위도 많이 타고 또 결정적으로 수영을 못하는데……. 아, 수영은 못해야 더 유리하겠지만! 하여튼 한강은 죽기에는 한강이 스케일이 너무 커서 더 무섭고 물에 잠겨 죽는 게 그리 고통스럽다니까, 이것도 탈락!

그렇다면 영화에서처럼 '차에서 연탄가스 흡입' 어떨까요? 남편 차 열쇠를 몰래 가지고 주차장으로 가서 준비한 연탄에 불을 붙이는 방법이죠. 주차장이라 들킬 위험이 좀 있어요. 경비아저씨들이 자주 순찰을 하시니까요. 또 연탄이 매우 낯선 도구인 관계로 사전연습을 해봐야 하는데 아파트 베란다에서 해볼 수도 없고 좀 난감하네요. 무엇보다도 제가 선천적으로 호흡기가 약하기도 하고 연탄은 개인적으로 좋아하는 향이 아닌 관계로 안 될 거 같아요. 향에 좀 민감하거든요, 고로 탈락!

그럼 '칼? 불? 독약?' 아, 이거는 쫌 죽은 후가 안 예쁘기도 하고 말만 들어도 살벌하잖아요. 무슨 조폭도 아니고 오징어 볶음 만들

때 오징어한테도 칼질을 못 하는데 말이죠. 게다가 불은 또 어렸을 적 화상을 손목에 당해봐서 아는데 진짜 고통스러웠거든요. 독약은 영화에서처럼 막 피 토하고 그러면 어떡해요. 너무 못생기게 죽는 거 같잖아요. 이거저거 다 따지고 이래가지고 어디 죽겠습니까! 그러니까 말입니다. 죽는 거 왜 이렇게 어려운 거예요? 일단 안 무섭게 죽는 방법을 찾는다는 것 자체가 유재석이 공중파에서 쌍욕을 할 확률 정도로 어려운 일 같지만 일단 마녀님들은 제가 안 무섭게 죽는 방법을 알아낼 때까지는 힘든 일 있어도 일단 그냥 살고 있으신 게 나을 것 같아요. 그죠? 일단은 살고 있어 보세요!

살면서 죽고 싶을 만큼 힘들 때가 왜 없겠습니까! 삶은 어찌 보면 고통의 연속이니까요. 이럴 때 잠깐 지드래곤 오빠의 노랫말을 다시 생각해봤으면 좋겠어요. '영원한 건 절대 없어—' 이 명곡 다들 아시죠? 맞아요! 영원한 건 절대 없습니다. '죽고 싶을 만큼 힘든 일 또한 영원하지 않다'란 말이죠. 그러니 삶의 고통으로 죽음을 생각하기보다는 이 순간이 영원하지 않다는 진리에 기대서 시간을 좀 흘려보내는 게 낫다는 거죠. 오잉? 잠깐만요! 바로 그거야! 글을 쓰다가 지금 막 안 무섭게 죽는 법을 발견해 냈습니다.

'세상에서 제일 안 무섭게 죽는 방법' 마녀님들에게만 살짝 알려드릴게요. 그건 바로바로 '웃겨서 죽기'. 웃다가 숨이 넘어가서 죽는 거예요. 어때요? 그럴듯하죠! 근데 말이죠. 이 방법은 누군가가 죽을 정도로 극하게 웃겨줘야 한다는 어려움이 있고 그런 사람을 찾아다니는 게 더 힘들 수가 있습니다. 그러니 누군가가 웃겨주길 기다리지 말고 '스스로 웃겨서 죽는 게 제일 좋은 방법' 같긴 해요. 그러려면 일단 일상에서 웃을 일을 많이 만들도록 노력해야겠죠. 그래야 확률이 높아지니까요. 근데 일상에서 자주 웃다 보면 죽을 생각이 사라진다는 부작용이 있긴 합니다. 꼭 웃겨 죽어야겠다면 주의하며 웃으셔야 할 거예요. 그러니까 결론은 살다가 힘들어서 죽겠다는 생각이 들 때가 온다면 이왕 죽는 거 '웃겨 죽어야지'라고 생각하고 일단 죽을 만큼 웃어보는 겁니다. 일단 그렇게 해보는 게 좋겠어요. 끄덕끄덕.

아, 요즘 웃을 일이 통 없으시다면 '마녀의 조건' 1장을 식후 30분 처방 약 복용하듯 자주 읽으시면 도움이 되실 거라 생각합니다. 1장이 은근은근 재미있잖아요!

근데 안 무섭게 죽는 방법 같은 무슨 이런 이상한 생각을 하냐고요? 어디 뭐 제가 이상한 게 이상할 일인가요?
여튼 죽을 만큼 힘든 일을 만난다면 일단 웃겨 죽을 전략으로 계획을 짜보길 바라봅니다. 후훗.

세·젤·맛 짜파게티 조리법

"짜파게티는 어떻게 끓여야 가장 맛있지?"라고 짜파게티 봉지를 뜯으며 카톡에 던진 질문에 김땡땡이 말합니다. "짜파게티 봉지에 쓰여 있는 데로 끓이는 게 맛있지. 짜파게티를 만든 사람들이 가장 잘 알잖아. 짜파게티 1봉 기준, 물 600mL를 끓인 후 면과 후레이크를 넣고 5분 더 끓인다. 물 8스푼 정도만 남기고 따라 버린 후 과립 스프와 조미유를 잘 비벼서 먹는다. 끝!"

최땡땡이 말합니다.

"짜파게티는 국물이 자박자박하게 있는 게 더 맛있지. 면이 살짝 잠길 정도로 물을 남겨서 국물 짜파게티로 만들면 면이 더 부드럽고 나중에 밥 말아 먹으면 젤 맛있어!"

임땡땡이 말합니다.

"짜파게티는 일반 국물 라면이랑은 달라. 꾸덕꾸덕하게 먹어야 진짜 짜파게티지. 물을 쪼—옥 다 따라버리고 비벼! 목 넘김이 묵직하고 더 고소해!"

신땡땡이 말합니다.

"짜파게티는 청양고추를 송송 썰어 넣고 고춧가루 촥촥 뿌려서 먹어야 최고야! 짜장의 느끼함을 잡아주면서 칼칼하게 먹으면 훨씬 더 맛있다니까!"

박땡땡이 말합니다.

"짜파게티에는 치즈 한 장을 덮어주고, 계란후라이를 위에 하나 올려 먹어 보고나 말해. 사르르 녹은 치즈에 후라이의 노른자를 터트려서 면과 비비면 신세계다, 신세계!"

짜파게티는 과연 어떻게 먹어야 맛있는 것인가? 이 친구 저 친구 물으면 물을수록 어찌나 조리법들이 다양한지, 조리법들이 와르르 쏟아지네요. 손에 들린 짜파게티는 하나이고 방법은 여러 가지니 고민이 될 수밖에요. 네이버에 검색해보니 더 가관입니다. 우리 민족이 이렇게 짜파게티에 진심으로 창의적이었다니 말이에요. 그 창의력에 맛있는 존경을 표합니다. 친구들의 냠BTI 모두 존중합니다만, 아쉽게도 제가 알고 있는 조리법이 짜파게티를 세상에서 제일 맛있게 끓이는 법인 거 같습니다. '세·젤·맛 조리법' 지금 바로 공개합니다. 뚜둥 탁!

짜파게티를 세상에서 가장 맛있게 끓이는 법은 바로바로 바— 로 '내가 먹고 싶은 데로 끓이기' 완전 완전정답이죠! 그게 바로 정답정답정답! 내가 먹을 짜파게티는 내 입맛에 맞게 가장 맛있고 내 입맛을 가장 잘 아는 건 바로 나잖아요. 그러니까 여기저기 물어보고 검색할 필요 없이 그냥 내 조리법대로 잘 끓이면 끝! 어느 조리법이 더 맛있는지 사실 가릴 수가 없어요. 아니 가릴 필요가 없어요. 우리 모두의 지문이 다르듯 입맛도 다르니까요. 하물며 짜파게티도 내 입맛에 맞는 게 최고인데 내 인생은 어떨까요? 말해 뭐합니까! 그러니까 어떻게 살아야 맛있게 사는지는 남에게 물을 게 아니라 내게 물어야 맛있습니다. 암요암요.

그런데 내가 나에게 묻는 것을 귀찮아하면 다른 사람 입맛에 나를 맞춰 살아가게 되고, 그게 익숙해지면 진짜 내 입맛이 뭐였는지 영원히 분실하니까 주의하세요. 아, 맞다! 근데 짜파게티 조리법을 물어야 할 때가 있어요. 누군가와 같이 끓여 먹을 때 말이죠. 혼자 먹을 때는 내 입맛에만 맞게 끓이면 됩니다만 같이 먹을 땐 서로 맞춰야죠. 그때도 묻지 않고 끓이면 맛있는 짜파게티를 두고 각자의 조리법 싸움이 시작될 수 있으니까요. 무슨 말인지 감이 딱 오시죠? 부부의 세계는 짜파게티 끓이는 법이 달라질 수 있다는 이야기! 후훗.

아, 혹시나 해서 말씀드리지만 저는 짜파게티 제조사인 농심과는 아무런 관계가 없음을 알려드리며 이번 기회에 제발 좀 관계가 생겼으면 좋겠습니다. 씨익.

자기 개발새발 체험기

AM 5:00! 베게 밑에 묻어둔 휴대폰이 적막을 깨고 큰 목소리를 냅니다. 반사적으로 손을 베게 밑으로 쑥 밀어 넣어 귀신같이 알람 버튼을 찾아 누르고 단잠을 이어가는 꼴을 못 볼세라 3분 후 또다시 알람이 잔소리 시작! 미라클 모닝을 시작한 지 오늘은 3일째죠. 왜 미라클 모닝은 저하고 상의도 없이 전 세계적인 베스트셀러가 되어서 새벽 5시만 되면 일어나라고 난리일까요. 아놔. 몇 번의 실랑이 끝에 결국 몸을 일으켜 눈도 못 뜨고 화장실 칫솔에게로 직진하는 거죠. 전원이 꺼졌다 켜졌다 하는 고장 난 가전제품처럼 칫솔질을 뜨문뜨문하고는 찬물 한잔 원샷을 하고 나서야 가까스로 눈이 떠지네요. 시계를 보니 5시 15분입니다. 으흐흐. 어쨌거나 저쨌거나 5시 언저리에 일어났으니 미라클 모닝 성공인가요? 몽롱몽롱.

계획했던 것처럼 책을 펼치고는 읽고 있기는 한데 말이죠. 분명 읽고 있었는데 정신을 차려보니 책에 침으로 세기의 명화를 그려놨더라고요. 하여튼 촉촉한 책을 붙들고 40분은 버텼죠. 미라클 모닝 3일째 성공! 달력에 스티커를 뿌듯하게 턱 하니 붙여놓고는 이내 슬금슬금 베개를 끌어안고 조금 더 졸았어요. 아뇨! 솔직히 2시간을 더 잤다는 게 팩트지 뭡니까. 이렇게 30일을 보내면 미라클한 모닝이 진짜로 펼쳐지는 거 맞는 걸까요? 성공한 사람들이 모두 새벽 5시에 일어난 건 아니겠지만 많은 성공자가 아침을 잘 활용한다고 하니 일어나긴 했는데 저는 아침이 유난스럽게 힘들어요. 이거 극복해야 하는 거죠? 긁적긁적. 5년 전 핫한 저의 고민이었습니다. 이렇게 미라클 모닝을 계속해야 하나 말아야 하나. 하루에도 오락가락을 무한 반복했더랬죠. 아이고….

한참 자기계발에 갈증이 났었던 시즌이었나 봅니다. 뱀파이어의 흡혈본능처럼 한 5년간은 그 참을 수 없는 목마름에 이끌려 자기계발 분야에 시간도 서슴없이 쓰고 지갑도 헤프게 열었죠. 누가 그러는데 그 교육과정이 그렇게 좋다더라 하면 덜컥! 누가 그러는데 그 컨설팅 받으면 결과가 확 달라진다더라 하면 또 덜컥! 교보문고가 단골 맛집인 양 드나들며 자기개발구역에 진열된 책 쇼핑에 열을 올렸죠. 책을 새로 구매할 때마다 저자가 했었던 방법들을 마구잡이로 따라 해보는 거예요. 자기개발서를 쓴 저자들은 자신의 노하우와 방법을 많이 소개하니까요. 알고리즘은 또 얼마나 친절하게 여러 영상을 추천해 주던지요. 이동하는 시간조차 알차게 쓰고 싶은 마음에 눌러 담은 공깃밥처럼 유튜브 시청으로 꽉 눌러 채우곤 했죠.

이렇게 여러 스승이 이끌어 주는 다양한 방법들로 급하게 채워나가기 시작했고 열심히 하고 있다는 기분이 안정감을 안겨주긴 했죠. 열심을 내는 기분이 열정적으로 살고 있다는 느낌도 선사해주었지만, 어디까지나 느낌뿐이랄까요? 스스로를 채워나갔던 내용들은 분명 유용한 배움들이었습니다만 뭔가 꿸 수 없는 진주 구슬을 손에 잔뜩 쥐고 있는 것만 같았고 그럴수록 구슬을 꿰는 방법을 또 배워야 한다는 마음을 멈출 수가 없었던 거죠.

그래서 여기 기웃 저기 기웃! 자기계발을 할수록 자기계발의 갈증은 더 심해져 갔다니까요. 휴. 점점 입시생 모드가 되어가고 있었어요. 의도했던 건 전혀 아니지만, 교육과정을 같이 배우는 사람들과 자신을 은근히 비교하기 시작했죠. 다른 사람들보다 잘하고 싶은 마음이 조급하게 만들었고 무엇을 이겨야 하는지도 모른 채 알 수 없는 경쟁감이 마음속에서 움틀움틀 자라나더라고요. 저를 채워가는 게 아니라 되려 채워야 하는 그릇을 한없이 넓혀 나가는 것 같아 불안이 중심에 심지처럼 박혀버렸습니다. 그러다 보니 재미를 느낄 겨를을 어디에서도 도출해낼 수가 없었죠.

지금 생각해보면 나 자신의 '리즌 와이'가 빠져버린 자기계발의 늪에서 허우적거리고 있었던 거에요. 많은 사람에게 변화와 결과를 가져다준 미라클 모닝이 제겐 미라클 모닝이 아닌 헬 모닝이었던 이유도 같지 않았겠습니까. 힘들게 5시에 일어나면 뭐 한답니까! 리즌 와이가 없는데……. 무엇을 해야 하는지보다 무엇 때문에 미라클 모닝을 해야 하는지가 결핍되어있었기 때문에 그 용하다는 미라클 모닝은 약효가 전혀 없을 수밖에요.

그까짓 거 순서가 좀 바뀌면 어떻냐고요? 아, 그러면 바지 입고 그 위에 팬티 입는 꼴이 되더라고요. 쩝. 바지 위에 팬티 입어도 이상하지 않은 사람은 딱 한사람뿐입니다. 다들 아시잖아요? 슈퍼맨! 본인이 슈퍼맨이 아니라면 리즌 와이를 먼저 입으시고 그 위에 자기계발을 입으시길 부디부디 당부드립니다.

화려한 자기계발 프로그램을 덕지덕지 걸쳐주기 전에 일단 진짜 그리고 싶은 그림이 무엇인지를 알아내는 것, 투박하고 허접해 보여도 내가 직접 그린 청사진 한 장을 손에 쥐여주는 것이 제일 중요한 기본이라는 것. 열심히 달리던 자기계발의 레이스에서 과감하게 뚝 멈춰 섰어요. 자기계발을 멈춘 그 발걸음에서 진짜 자기계발이 시작되었다고 하면 너무 웃픈가요?

모두를 위한 자기계발의 완벽한 로드맵이란 존재하지도 않고 존재해서도 안 된다는 게 지금의 제 생각입니다. 다만 나의 로드맵은 직접 그려나가야 한다는 것이 제가 유일하게 주장하는 자기계발의 첫 절대 계명이죠. 성공한 누군가의 솔루션이나 To Do 리스트보다 이제는 그의 리즌 와이의 스토리가 더 궁금해지기 시작하면서부터 자기계발이 재미있어지더라고요. 조급함도 희미해지고 말이죠. 리즌 와이 없이 여기저기 따라다니며 쇼핑하듯 했던 자기계발은 실로 자기계발새발을 만든다는 것을 몸으로 직접 경험한 것이야말로 아주 중허디 중헌 것을 배운 자기계발의 씨앗이었죠.

미라클 모닝은 멈췄지만, 자기계발의 리즌 와이를 찾고 나니 색다른 '크레이지 미드나잇'이 시작되었지 뭐예요. 밤 열두 시가 되면 신나는 자기계발의 새로운 문이 열리는 거예요. 저는 아침 시간보다 새벽 시간에 자기계발 세포들이 활성화된다는 걸 알게 됐거든요. 알고 보니 아침형 인간보다 더 부지런한 새벽형 인간이었지 뭡니까! 크레이지 미드나잇을 신나게 달리는 중에도 상습적으로 묻고 확인합니다 '크레이지 미드나잇을 하려는 유윤주 너의 리즌 와이는 무엇이니!'

마녀님들, 진짜 자기계발을 위한 또렷한 이목구비 같은 리즌 와이. 캐내 보시죠.

자기 계발! 리즌 와이! 케토톱!

CHAPTER

2

마녀습관

-마녀가 되려면 반드시 해야 하는
나만의 습관 멱살잡이

마녀습관 포뮬러

습관 X-RAY

마: 마음먹은 대로 사는 녀: 여자 = [마녀]

마녀로 다시 태어난 오늘! 오늘은 우리의 두 번째 생일! 바로 마녀의 생일입니다.

마음으로 다시 태어났으니 산뜻하게 우리 잘살아 보기로 해요. 씨익. 마녀의 생일을 스스로 축하하며 감칠맛 나게 찐한 미역국 보글보글 끓여서 한 사발 완탕했어요. 그러니까 이제 큰 머그컵에 커피 한 잔 가득 들고 어떻게 마녀로 살아볼까 맛있는 계획을 세워봐야겠죠? 골똘골똘. 제일 먼저 해야 할 일은 바로 'X-RAY'부터 구석구석 찍어보는 것이랍니다. 갑자기 다짜고짜 무슨 X-RAY를 찍냐고요? 자, 잘 들어보세요.

우리가 그동안 살아오면서 마음을 못 먹었던 건 아니란 말이죠. 마음이 원하는 일들을 마음먹긴 일쑤였습니다만 얼마 가지 못해 그만두고 흐지부지되었던 거죠. 왜 그랬던 걸까요? 저의 주장은 우리가 모르는 마녀의 천적이 분명 존재하기 때문이라는 겁니다. 우리가 천적이라고 생각하지 못하고 있었던 바로 그놈을 멸살해야만 반복되는 이 악순환의 고리를 싹둑 끊어낼 수 있다는 거죠. 무조건 파이팅만 외치며 열심히 할 일이 아니라 오늘은 꼭 짚고 넘어가야 하는 질문이 여기 우리 앞에 놓여있습니다.

'도대체 무엇이 나를 마녀로 살지 못하게 하는가?'

마녀의 천적! 네 이놈! 밝혀지기만 해봐라! 내 너를 부위별로 분해하여 삶아 먹고 튀겨먹고 에어 프라이기에 돌려버리겠노라. 불끈. 손톱을 물어 뜯어가며 골똘 모드로 천적을 색출한 결과는 바로바로 '○○' 마녀의 천적은 '○○'이었습니다. 알게 모르게 우리의 24시간을 쥐락펴락하는 존재이며 우리가 내리는 선택의 대주주로 막

대한 영향력의 지분을 가지고 있는 ○○! 그것은 바로 바—로 '습관' 입니다. 에이, 김빠지죠. 본격적으로 남 탓 좀 제대로 해볼 각이었는데 어찌나 아쉽고 억울한지 말입니다. 마음먹은 대로 살지 못하게 하는 마녀의 천적은 얘도 쟤도 아닌 바로 내 안의 또 다른 나. '내가 가진 습관'이더라니까요. 마녀의 천적은 분명 '습관' 맞습니다.

자. 그렇다면 이제 그 습관이라는 놈이 얼만큼이나 우리를 쥐락펴락하는지 돋보기를 들고 찾아내 보기 시작해야죠. 하루 일과로 훑어볼까요? 일단 눈을 뜨면서부터 습관이 시작됩니다. '기상습관' 화장실에 도착해서 씻기 시작하면 나타나는 '세안습관' 먹고 마실 때마다 나타나는 '식사습관' 큰일, 작은 일을 해결할 때 나타나는 '배변습관' 중간중간 나타나는 '커피 습관' 잠을 자는 동안에도 지속되는 '수면습관' 시도 때로 없이 흐르고 있는 '생각습관' 입을 열기 시작하면 드러나는 언어습관, 독서습관, 음주습관, 흡연습관, 운동습관, 정리습관, 연애습관, 인간관계습관 등. 헐, 일상은 그야말로 습관 천국 오브 천국이죠?

이렇게 우리의 일상은 습관이 관여하지 않는 청정지역을 찾아내기가 숨은그림찾기보다 1,128배는 어렵다는 거죠. 언제부터 내 안에 살게 되었는지 모르는 습관이라는 녀석이 지금껏 우리를 주관하고 있고 앞으로도 우리를 주관하게 될 거란 것은 미래학자가 아니어도 알 수 있는 고화질 미래 보고서가 아니겠습니까! 쩝!

그러니까 지금보다 더 나다움 덕지덕지한 마녀로 살아가려면 내 습관을 속 시원하게 제대로 펼쳐봐야 한다는 이야기죠. 그래서 마녀 유윤주가 준비한 마녀 생일 아이템이 바로 '습관 X-RAY'랍니다. 나는 어떤 습관으로 이루어진 여자인가를 함께 습관 X-RAY를 통해 직접 확인해보자고요. 어떤 습관을 가지고 있는지 생각만 해보는 건 X-RAY 효과가 별로 없어요. 직접 적어내서 눈으로 확인하는 게 생각으로 짐작하는 것보다 훨씬 더 주도면밀하게 내 습관을 알아차릴 수 있는 제일 좋은 방법이랍니다. 끄덕끄덕.

자, 깨끗한 A4용지를 한 장 펼쳐 봅니다. 음. 여기서부터 벌써 귀찮아진다면 노놉! 세상만사 공짜가 없듯이 나에 대해서 알아가는 것도 예외 없이 공짜가 없다는 거 잘 아시죠? 그렇기 때문에 나에 대해서도 공부다운 공부가 필요하다는 거죠. 학창시절 지겹게 공부한 국, 영, 수는 나에 대한 공부가 아니잖습니까. 그런 공부 말고 진짜 내 공부는 습관 X-RAY에서부터 시작 된다는 거죠. 나를 알아가는 재미가 불러오는 진짜 내 공부는 하면 할수록 마녀 레벨이 올라가게 될 테니 저를 믿고 지금 펜을 집어 들어봅니다. 어서요!

'습관 X-RAY 촬영 방법'

1. A4 용지를 세로로 반으로 접는다.
2. 왼쪽에는 내가 가진 습관의 큰 제목을 적는다.
3. 오른쪽에는 내 습관의 세부사항을 나노하게 적는다.
4. 나를 구성하는 습관을 알아차리고 인지한다. 이해하려 말고 인지한다.

촬영 시 중요한 점은 모조리 일단 적어보고 쭉— 스캔해 보며 나는 어떤 습관으로 이루어졌는가를 알아차리는 거죠. 네. 맞아요! '알아차리기'가 가장 중요한 포인트랍니다. 사실 우리는 생각보다 우리 스스로를 진지하게 들여다볼 시간을 따로 만들지 않는다니까요. 습관 X-RAY를 찍어보는 것만으로도 뭐랄까요. 내 영혼의 속살을 들여다보는 듯한 흥미로운 경험을 마주하게 될 테니 마녀 유윤주의 호들갑을 믿어보셔도 좋습니다. 이제 나열된 습관을 두 분류로 나누어서 두 번째 A4용지에 다시 적어볼게요.

'증량습관 vs 감량습관'

근육처럼 키우고 싶은 습관을 증량습관 쪽에 적어놓고 이 습관을 왜 키우고 싶은지 '리즌 와이'를 솔직하게 적어보는 거죠. 또 체지방처럼 감량하고 싶은 습관은 감량습관 쪽에 적어놓고 이 습관을 왜 감량하고 싶은지 '리즌 와이'를 솔직하게 적어보는 겁니다. 여기서 중요한 건 '가식 1도 없는 솔직한 리즌 와이'입니다. 학습에 의해 또 남들이 좋다고 하는 습관이니까 한번 키워보겠다는 증량습관에 적어둔 그럴듯해 보이는 습관을 걸러내야 원하는 진짜를 발견할 수 있거든요.

감량습관도 같은 방법으로 걸러내 보면 진짜 감량을 원하는 습관을 알아차릴 수가 있죠. '진짜 증량습관과 진짜 리즌 와이 & 진짜 감량습관 진짜 리즌 와이'가 정리된 A4용지! 이것이 바로 마녀의 천적을 멸살하는데 핵심 동력이 되어줄 '습관 X-RAY'를 통해 얻은 [순도 100% 습관목록]이랍니다. 친자확인도 99.9% 확률인데 순도 100% 습관목록을 손에 쥐게 되었다니 뭔가 은은한 든든함이 밀려오시죠? 후훗! 그러니까 마녀의 진짜 천적은 '리즌 와이가 텅 비어있는 습관이 만든 나'라는 거 아니겠습니까.

드디어 우리가 마녀로 살지 못하게 만드는 원인을 찾아냈습니다. '리즌 와이가 빠진 습관'. 근데 말이죠, 습관이라는 녀석이 차곡

차곡 시간을 먹고 자란 녀석들이라 쉽사리 크지도 쉽사리 죽지도 않기 때문에 지금 당장 습관 X-RAY를 통해 진짜와 진짜인 척하는 습관을 가려냈다 하더라도 한방에 손을 쓸 수 없다는 것이 굿 뉴스이자 배드 뉴스이긴 합니다. 이제 와서 천적만 띡 알려주고 뭐 알아도 습관의 특성상 딱히 지금 멸살할 묘책이 없다고 말하면 어쩌라는 거냐고 혼잣말하는 마녀님들의 목소리가 저 멀리서 들려오네요. 습관이 그렇더라니까요.

[습관! 너라는 녀석의 4가지 특성]

1. 습관은 시간을 먹고 내 이름에 새겨진다.
   즉 습관이 내 명함.
2. 습관은 근육과 같아서 쉽게 늘지도 줄지도 않는다.
   불행인가 다행인가.
3. 습관은 습관으로 덮어씌우기 해야 한다. 냐금냐금
4. 습관은 마법이자 저주가 될 수 있다.
   하기 나름. 만들기 나름.

바로 그 습관이라는 녀석의 특성 때문에 아이러니하게도 습관이 마녀의 천적이자 역으로 그 천적을 잡는 핵심무기가 되는 것이랍니다. 그러니까 마음먹은 대로 살게 해주는 마녀습관을 가질 수 있게 해주는 특성이기도 하면서 마녀습관을 또 원점으로 돌려놓게 만드는 얄미운 특성이기도 하다는 거죠. 그러니 습관을 어느 편에 두느냐는 아주 아주 중요한 일이랍니다.

자. 일단 천적의 정체는 알아냈으니 쿨하게 인정할 건 인정하고 이제 순도 100% 나만의 습관목록을 손에 쥐고 천적 잡는 마녀 습관 레시피 쏙쏙 캐내러 다음 페이지로 함께 가보시자고요. 채널 고정! 아니 시선 고정입니다.

마녀 습관 레시피

자, 습관 레시피 만들기 전에 어디 한번 마녀님들의 마음에 빙의되어 흔한 독백 한번 해볼까요?

"다이어트 시작한 지 3일째. 냉장고에 한가득 채소들이 싱싱미를 뽐내는고만. 안다 알어, 나도. 다이어트를 하겠다고 마음먹었으니 무슨 음식을 먹어야 하는지는 다 아는데…."

"책을 읽어야 뇌가 관능적인 여자가 된다는 걸 누가 모르냐고. 그래서 매일 책을 읽기로 마음먹었으니 이제 핸드폰 게임을 멈추고 책을 펴야 한다는 건 나도 너무 알겠는데…."

"야금야금 약속 시간 5분 10분 늦는 습관 고쳐보겠다고 마음을 먹었으니 몇 시에 출발해야 늦지 않을지는 나도 계산해보면 알겠는데 왜 이렇게 엉덩이가 안 움직이는지…."

위에 나열한 독백들이 제법 살갑죠? 솔직히 우리에게 필요한 게 무엇인지 우리도 스스로도 알기는 잘 알거든요. 그렇게 잘 알면서 왜 안 하냐고 식상하게 물으신다면, 말은 바로 해야죠. 잘 알면서 안 하는 게 아니고 알지만 못하는 거죠. 방법은 뻔히 다 알면서도 못하는 영역의 존재들이 내 안에 무수히 많기 때문에 이런 내적 방황을 계속하는 것 아니겠습니까. 나를 이루고 있는 오래된 습관들은 어떻게 우리에게 새겨져 있는 걸까요? 습관의 시작을 알 수 있다면 증량습관, 감량습관을 용이하게 컨트롤하고 더 나아가 새로운 마녀습관을 만들기에도 참 유용하겠죠. 맞습니다. 그렇기에 제 주장은 이렇습니다.

어떤 습관이든 습관이란 분명 좋은 느낌에서 시작되었다는 거죠. 무엇을 해봤는데 느낌이 좋았고 그 좋은 느낌을 뇌는 기억이라는 정보로 남겨두는 겁니다. 즉 어디까지나 '좋은 느낌이 가장 중요한 습관의 시작재료'인 거죠. 우리가 겪게 되는 일들을 뇌는 '즐겁고 유쾌한 기억 vs 불편하고 불쾌한 기억' 이렇게 두 분류로 기억저장소에 단순하게 저장한다는 겁니다. 뇌 맘대로 둘 중 하나 저장방식인 거죠. 그러니 우리는 사실 온통 뇌 편한 세상에서 살고 있는 게 맞습니다. 이렇게 기억저장소에 저장된 기억들이 바로 우리가 선택을 해야 하는 순간마다 데이터로 꺼내 쓰이게 되는 거죠. 그러니까 우리가 오래 지녀온 습관들은 나의 뇌가 즐겁고 유쾌하다고 생각한 그 무엇에서 출발해서 뇌가 스스로의 기쁨을 추구하며 반복을 일삼으며 만들어졌을 가능성이 무척 크다는 거죠. 음…. 일리 일리 하죠?

오잉? 여기서 잠깐만요. 그럼 운동습관을 가진 마녀님은 운동을 처음 해보자마자 뇌가 즐겁고 유쾌하다고 느꼈다는 것이고 독서습관을 가진 마녀님은 책을 딱 읽자마자 그랬다는 건가요?

"결국 뇌를 잘 타고 났어야 했다는 것인가! 뇌수저가 따로 있단 말인가! 엉엉."

아, 타고난 유전적 뇌수저 물론 있습니다. 있어요! 그러나 또 하나, 내가 만드는 후천적 뇌수저가 있다는 거죠. 기억을 두 가지로 분류하고 저장하는 단순한 뇌의 특성을 잘 활용해서 내가 원하는 습관이 쑥쑥 만들어지도록 좋은 느낌과 감정을 상황으로 잘 디자인해서 만드는 뇌수저랄까요? 내 손으로 한 땀 한 땀 만드는 습관 뇌수저. 타고난 뇌수저가 따로 있을 순 있지만, 마녀님들도 여지없이 습관 뇌수저가 될 수 있다는 반가운 이야기랍니다. 하하.

그렇다면 가만히 생각해보세요. 분명히 내 감량습관 목록에 나열된 습관들은 단지 그것과 바꿔나갈 대체습관을 만들 즐거운, 유쾌한 경험재료가 모자랐기 때문이며 나의 증량습관목록에 나열된 습관들 또한 그것을 증폭시킬 즐거운. 유쾌한 느낌을 더 찾아 주기만 한다면 얼마든 증량할 수 있다는 희망적인 결론에 도달하게 됩니다. 즉 우리의 일상과 인생을 주관하는 습관을 우리가 마음먹은 대로 넣고 빼고 들었다 놨다 쥐락펴락 할 수 있다는 이야기입니다.

그럴싸하죠? 자, 그렇다면 이제 본격으로 우리의 뇌를 우쭈쭈하며 마녀습관을 잘 이식해 보죠!

<마녀 습관 레시피>

첫 번째 [따닥 요법 × 칭찬 부스터]

일상에서 이미 반복하고 있는 행위와 원하는 습관을 연달아 따닥하고 묶어주는 것이랍니다.

'1.식사한다 + 스쾃을 한다. 2.화장실을 다녀온다 + 물을 마신다'처럼 말이죠. 이렇게 가지고 싶은 습관과 일상 동작을 따닥으로 묶어 연달아 실행하는 거죠. 따로 시간을 내거나 장소를 찾지 않아도 즉시 할 수 있어서 마음에 부담지수를 현저하게 낮출 수 있고 성공률을 힘껏 높일 수 있답니다.

여기에 따닥 요법에 성공할 때마다 입으로 소리를 내어 뇌가 직접 들을 수 있도록 칭찬을 해주는 거예요. 다시 한번 말씀드려요. 소리를 내서 스스로에게 칭찬을 해줘야 합니다. 뭐 오글오글 낯간

지럽다고 이야기하실 수 있겠지만 칭찬 부스터를 잘 사용하면 성취감에 흠뻑 담겨진 동기부여로 완충된 뇌를 의도적으로 습관 만들기에 사용할 수 있답니다. 기억하세요! 마녀님들의 뇌는 칭찬이 고픈 아기랍니다. 방청 알바 한다고 생각하고 리액션은 할리우드급으로 해주는 거 잊지 마세요. 어때요? 해볼 만하죠!

두 번째 [나노 스텝 설정]

'이렇게 작게 나눠도 되나?' 싶을 정도로 원하는 습관의 행동 단위를 '나노입자'로 나누는 것이랍니다. 이렇게 작게 나누는 이유 또한 '너는 정말 잘 할 수 있구나'를 매일 증명하며 성취감을 얻어내기 위함입니다.

사실 우리의 뇌가 부정적인 기억을 더 소중하게 저장해놓기 때문에 이미 해봤는데 난 그 방법 안 된다는 강력한 데이터가 마녀님들의 행동을 막아선다는 게 문제죠. 문제! 그렇기 때문에 위에 말씀드린 따닥 요법에 '1. 식사를 한다+스쾃을 2회 한다. 2.화장실을 다녀온다 + 물을 반 잔 마신다.'처럼 덧붙일 행동위를 나노로 쪼개는 거죠. 아주 하찮을 정도로 작게 시작하면 됩니다. 해내지 않고는 못 배길 정도로 말이죠. 그래야만 칭찬 부스터를 사용할 수 있으니까요.

물론 미미한 성취감이라고 생각할 수 있겠지만 이 미미한 성취감이 행동 단위를 거부감없이 차차 증량할 수 있도록 만드는 전략적인 습관 레시피 중에 레시피라는 것이랍니다. 미미 성취감으로 부정적 기억 데이터를 덮어쓰기 할 수 있고 긍정적 기억 데이터를 쭉쭉 확장해 나갈 수 있어요. '나노하게. 미미하게.' 어때요? 해볼 만하죠!

세 번째 [습관 약정 마일리지]

약정한 기간을 정해 놓고 습관 마일리지를 차곡히 쌓으면 눈에 보이는 보상을 스스로에게 해주고 다음 약정기간을 다시 설정하는 방법이랍니다. 습관 레시피로 디자인한 행동을 1주일 달성하면 나는 내게 연어 초밥 세트를 보상하겠어! 그 후에는 30일 지속되면 가지고 싶었던 향수로 내게 보상하겠어! 처럼 마일리지 약정기간과 보상템을 미리 시각화해서 화장대 위에 붙여 보세요. 이거 꽤 쏠쏠합니다. 자본주의적인 나의 뇌가 바로 활짝 웃는다니까요. 이거 해보고나 효과 운운하세요. 습관 만들고 선물도 받고 좋잖아요. 어때요? 해볼 만하죠!

(아. 주의사항 하나! 보상템을 너무 무리하게 설정하면 약정 마일리지가 차곡히 쌓이는 만큼 차곡히 쌓인 카드값으로 인해 카드값 알러지가 생길 수도 있다는 점, 유의하세요.)

그렇다면 어디 한번 나를 습관 뇌 수저로 만드는 습관 레시피를 요약해보죠!

1. [따닥 요법 × 칭찬 부스터]
2. [나노 스텝 설정]
3. [약정 마일리지]

위의 세 가지 레시피를 적용하여 이참에 바로 나의 스몰 습관을 디자인 해보죠. 마녀의 천적은 지금껏 나를 이룬 습관이고 이 습관은 습관으로 잡아야 하고 습관은 이렇게 디자인하면 된다는 것도 다 알았는데 또또 그냥 머릿속으로 생각만 하고 얼렁뚱땅 다음 장으로 넘어가기 없기입니다. 그냥 넘어가는 마녀님들을 미션 수행의 길로 인도하기 위해 제가 무서운 마법을 하나 마녀님께 걸겠습니다.

"임페리우스—크루시아투수—" 해리포터에 나오는 정신 세뇌, 고통을 주는 마법인데, 지금 바로 적지 않고 머릿속으로만 생각하신 마녀님들은 아무리 노력해도 3년 동안 거울을 볼 때마다 스스로가 점점 못생겼다고 느끼게 될 거예요. 매일 밤 주문을 외울 거거든요. 누군가 꾸준히 나의 못생김을 위해 빌고 있다고 생각해보세요. 찝찝하잖아요. 그러니까 지금 바로 적어보자고요. 3분이면 된답니다. 깔깔.

〈습관 X-RAY〉 먼저 찍어 보았고 〈순도 100% 나만의 습관 목록〉 작성했고 〈습관 레시피〉에 따라 〈습관 디자인〉도 해보았다면 이쯤해서 아주 중요한 이야기를 드릴 테니 마음의 준비를 해주세요. 심호흡 한번 부탁드려요.

'요요'라고 들어보셨죠? 다이어트와 흔히 연관 짓는 용어죠. 죽어라 노력해서 살을 뺐는데 꼴랑 얼마간 날씬함을 맛보고 예전의 몸보다 더 후덕한 몸으로 돌아오는 거잖아요. 으악. 진심 극혐입니다. 요요! 날씬한 꿈 꾸고 있다가 물벼락 맞고 잠이 깬 느낌? 또는 앱 카메라로만 셀카 찍다 기본 카메라에 찍힌 내 모습 보고 화들짝 놀란 느낌이랄까요? 그 요요가 글쎄 습관에도 있답니다. 이름도 떡하니 '습·관·요·요'

습관요요는 강력하게 우리의 생각 습관과 도전 습관의 분모를 바꿔버리기 때문에 특히 조심해야 하는 건 물론이고 사실 예방이 최고라는 거죠. 알아야 예방하지 않겠습니까! 어쩌면 이미 우리 일상의 머리채를 잡고 흔들고 있을 수도 있는 습관요요 캐내러 지금 당장 고고해 보자고요.

자. 요요 습관 캐내러 고고! 캐내세요! 습관요요 케토톱!

습관요요

습관 세트포인트

[습관요요 : 감량습관, 증량습관에 성공했다 여겼으나 다시 원래 습관으로 돌아가는 지긋지긋한 현상]

마녀님들, 어렸을 적 가지고 놀던 손 놀이 기구 중에 요요 기억나세요? 중지 손가락에 동그란 실 고리를 걸고 손에 쥔 요요를 팔을 접었다가 아래로 힘껏 펼치면 휭—하고 요요가 실을 따라 내렸 갔다 얼른 반작용 때문에 다시 손에 촥, 감기잖아요. 힘을 세게 줘서 펼칠수록 요요가 빠르게 되감기는 거, 다들 한번은 해보셨죠?

요요는 세게 던지면 세게 돌아옵니다. 습관요요가 딱 그래요! 처음부터 너무 세게 바꾸면 빠르게 다시 원래로 돌아온다는 거죠. 그래서 습관은 세게 바꾸는 것이 아니라 습관 레시피에서 알려드렸듯이 나노하게 미미하게 쓰읏, 스며들게 해야 한다는 것이 포인트죠. 결국엔 습관은 습관으로 덮어씌우기를 해야 한다는 말씀이에요.

SSG! 한방, 원큐, 원샷이 안 통하는 영역, 습관은 식물로 따지자면 답답한 고구마과 영역에 좌표하고 있어서 애드리브나 에누리로 융통을 부릴 수가 없죠. 애초에 그런 기대를 깔끔하게 접어두는 게 안녕한 정신건강에 이롭습니다. 어설픈 꼼수 부리지 말고 그냥 나노 미미하게 반복하세요! 제가 말하고도 정답이지만 얄밉네요.

'그럼 도대체 얼마만큼의 기간을 반복해야 요요 없이 진짜 '내습관'이 되는 거죠?'

바로 그 비법은 '습관 세트포인트'에 있답니다. 세트포인트 요거 기억하세요. 우리 몸과 뇌는 기본 설정값이라는 것을 가지고 있기 때문에 바뀐 설정값을 바로 내 것이라고 여기는 데는 고정하는 시간이 필요하답니다. 그래서 다이어트를 할 때도 목표한 만큼의 체중에 도달하였다 하더라도 유지어터로 지내야 하는 기간이 다이어터로 지내는 기간보다 더 길잖아요.

습관도 습관별로 뇌에 기본 설정값으로 고정하는 기간이 필요하고 이 기간은 사람마다 또 습관마다 다르다는 거죠. 그래도 평균 타령이 하고 싶다면 생각해보세요. 우리 마녀님들의 삶이 그리 평범하고 평균적인 삶 자체였는지 말이죠. 일단 마녀가 되겠다는 것 자체가 비범하고 비 평균적 그 자체일 텐데요. 훗.

여튼 습관 세트포인트가 다시 한번 단단하게 고정되잖아요? 그럼 별다른 노력 없이도 기특하게 척척 자동화가 된답니다. 그렇기에 책 읽는 것을 진짜 내 습관으로 만들려면 책을 안 읽으면 뭔가 빼먹은 것만 같은 그 건강한 찜찜함에 이끌려 책을 집게 되는 그 순간까지 반복해야 한다는 이야기입니다. 안 하면 허전한 느낌이 드는 그 순간이 습관이 세트포인트를 재설정하는 그 순간이랍니다.

혹자들은 뇌과학적으로 66일을 반복하면 된다, 100일을 반복하면 된다고들 이야기하지만, 사실은 그건 어떤 습관이냐에 따라 또 내 습관 세트포인트가 지금 어떻게 설정되어있느냐에 따라 달라지는 것이지 절댓값이 정해져 있는 건 아니라는 겁니다. 그렇다면 지금 설정값을 나보나 더 잘 알고 있을 사람은 세상에 존재하지 않겠죠? 결국, 이 세트포인트가 재설정 되는 순간의 느낌은 온전히 나만 알아차릴 수가 있어요. 그러니 세상에 어떤 습관 전문가도 내 습관에 있어서는 결국 나보다 진짜 전문가가 될 수가 없다는 게 유윤주 마녀의 꽤 쓸모 있는 주장입니다.

바로 이 '습관 세트포인트'를 이해하고 받아들이는 순간 마녀님은 그동안 해왔던 방법에 문제가 있다고 자책해왔거나 해봤는데 도저히 안 된다는 부정적 에너지 가득한 습관의 올무에서 스스로를 탈출시킬 수 있고 습관의 요요로부터 스스로를 지킬 수 있습니다.

더불어 다시 시작할 수 있는 똘똘한 근거를 장착하고 그간 마음먹었으나 포기해왔던 나의 증량습관, 감량습관 리스트의 반가운 귀환을 촉구할 수 있는 거죠. 너무 굿 뉴스 맞죠? 씨익.

[습관요요 간단 예방법]

1. 새로운 습관의 세트포인트를 설정하는 기간을 인지하고 예전으로 돌아가자며 꼬드기는 뇌를 토닥토닥 달래서 이어간다.
2. 언제까지? 새로운 습관을 빼먹으면 건강한 찝찝함이 들 때까지!

그럼 이미 습관요요가 나의 습관을 덮어 버렸다면? 그렇다면 습관 레시피로 다시 돌아가서 세 가지 알려드렸던 노하우를 적용하여 새로운 습관 플랜으로 '다시 시작하기'를 하면 됩니다. 우리가 방법을 모르는 것도 아니고 다시 하면 됩니다. 주춤거리는 마음이 드는 것도 당연한 반응이니 그냥 그러려니 하고 대수롭지 않게 여기고 다시 하면 되는 거죠. 대수롭지 않게 여겨지지 않는다면 그냥 그런 척이라도 하면 되는 거고요.

결국, 반복하면 된다는 것이 궁극의 진리니까요. 여기서 주의점은 같은 습관 플랜을 다시 시도하더라도 습관 레시피의 횟수 장소 · 시간대의 작은 변화를 주어 새로움을 입혀주는 게 필요합니다. 우리의 단순한 뇌님은 새로운 느낌의 다시 시작을 만들어 주는 것에 새롭게 반응하니까요. "어? 이렇게 해보니까 좋네?", "난, 이 방법이 나랑 더 맞는 거 같아", "이렇게 하니 더 편하네!"라는 새로운 느낌을 만들어 주는 게 필요하다는 거죠.

결국 '습관요요의 천적은 역시 또 습관'이랍니다. 그래서 뿌리 깊은 습관은 냐금냐금 덮어쓰기 습관으로 잡아야 한다고 말씀드리는 거죠. 가랑비에는 결국 어떤 옷이든 다 젖습니다. 아시잖아요? 가늘고 길게 가면 그 깊은 뿌리도 흠뻑 적실 수 있습니다. 있다니까요! 자, 습관 세트포인트를 원하는 습관 쪽으로 옮겨 놓기 위해 오늘의 가랑비 잊지 말고 실천해보자고요.

실패 번역기

마녀님들! 오늘은 앱을 하나 다운 받으실거에요. 이름하여 마녀의 '실패 번역기' 짜잔! 지금 플레이스토어에서 검색해 보세요. 안 찾아진다고요? 맞습니다. 이 앱은 지금, 이 책장에서 마녀님들의 마음에 다운 받아야 하거든요. 빙긋. 지금 다운 받게 될 실패 번역기를 사용하여 우리는 무엇을 얻을 것이냐! 그것은 바로 우리 생각의 출력값에 의미를 다시 라벨링 해주는 확신 습관을 만들어 볼 참입니다.

야심 차게 마음먹고 시작한 습관인데 3일하고 다시 돌아오고 5일하고 또다시 돌아오고 심지어 한 달을 아니 그 이상을 쌓았는데도 부메랑처럼 다시 돌아오는 나의 습관들을 위해서 말이죠. 이렇게 습관요요에게 억울하게 발목 잡혀 다시 예전 습관으로 돌아올 때의 기분은 실로 참 별로죠. 그럴 때마다 스스로에 대한 확신이 아닌 불신의 몸집을 벌크업 하게 되는 건 어쩔 수 없는 것 같아요. 아무리 실패가 성공의 어머니라고 한다지만 그 어머니가 우리 어머니이길 바라는 마녀님들이 어디 있겠습니까. 끄덕끄덕.

근데 만약에 말이죠. 이렇게 생각해보면 어떨까요? 다시 돌아온 3일, 5일, 한 달은 습관요요에게 실패한 게 아니라 3일만큼 요요 공격포인트를 쌓았고 5일만큼, 한 달만큼, 요요 공격포인트를 쌓은 거라면요? 이렇게 계속 공격포인트를 쌓아서 습관요요의 발꿈치부터 우리가 갉아 먹는 중이라고 생각하면 좀 고소하지 않을까요? 승리에도 한방에 이기는 KO승도 있지만, 판정승이라는 게 있잖아요.

마녀님들의 뇌 안에 붙박이장처럼 고정되어있는 생각에 실패 번역기를 사용해서 그동안의 실패에 또 앞으로 있을 실패에 의미 라벨링을 다르게 해보자는 거죠.

우리가 습관요요에게 또 당해서 다시 돌아올 때마다 실패로 인정하고 마침표를 성급하게 찍어버리지 말고 그 마침표 옆구리에 툭하고 시크하게 꼬리를 달아 쉼표로 변신시켜주는 거예요. 실패 번역기를 사용해서 그 쉼표에 라벨링을 이렇게 달아주자는 거죠. '또 실패했어!'가 아니라 '이번엔 여기까지! 공격포인트 또 획득'. 잘 생각해보세요. 마침표는 경기의 라운드를 종료시키는 부호지만 쉼표는 계속해서 라운드를 이어 나가게 만드는 부호니까 점 하나로 전혀 다른 의미를 가지잖아요. 나 자신에게 기회를 계속 줄 것이냐 말 것이냐는 전적으로 내 마음에서 만드는 꼬리표에 달렸다니까요. 빙긋.

습관요요를 물리치고 원하는 습관을 다시 시작해야 한다는 건 알지만 그게 쉽지 않죠? 근데 사실 우리끼리 하는 얘기니까 말인데요. 내 마음이 또 내 몸이 내 마음대로 안 되는 게 어디 내 탓인가요? 우리의 뇌님 탓이죠. 체중의 고작 2.2%를 차지하는 우리의 뇌님은 성인 남자 1350~1400g, 성인 여자 1200~1250g 정도밖에 되지 않지만, 우리의 모든 습관을 이 작고 소중한 뇌님이 선별해서 저장해 놓은 기억에 의해 뇌에 고정됩니다.

그렇기 때문에 이미 깊게 고정된 기억이 매번 같은 생각의 출력값을 내놓기 마련이죠. 그래서 새로운 변화보다는 예전에 고정해 놓은 편안한 원래 습관으로 꾸역꾸역 돌아가게 돼버리는 거니까요. 거 바요, 맞잖아요! 내 탓 아니고 나의 쫄보 뇌님 탓입니다. 그럴 때마다 무리하게 내 의지력을 가져다가 쓰게 되면 좋은 작용보다 더 강력한 부작용을 만나게 됩니다.

"해봤는데 나는 그거 안 돼","나는 그 습관이랑 안 맞는 거 같아"와 같은 나의 시작 습관과 성장 습관의 싹을 미리미리 잘라버리는 가위가 머릿속에 장착이 된다는 거죠. 그러니 무리하게 내가 가진 의지력을 올인하며 만드는 습관은 그만해야 합니다. 제발 약속하세요! 의지력 영끌하지 않기!

우리가 실패 번역기를 뇌에 다운 받아서 작동해야 할 일은 바로 이 머릿속 가위가 나의 두 번째 세 번째 도전의 기회를 잘라내 버리지 않도록 하는 것과 쫄보 뇌에게 마침표가 아닌 쉼표로 번역하는 방법을 알려주는 것이랍니다. 같은 상황에서 또 다른 의미의 라벨링을 달아주는 것은 남다른 능력이 있어야 가능한 일이 아니라 그 또한 습관으로 만들어 갈 수 있으니까요.

자, 실패 번역기를 사용해서 '의미 라벨링' 달아주기 해볼까요? 다시 돌아온 나의 요요습관을 적어보고 '다시 시작해야 하는 이유 vs 다시 시작하지 말아야 하는 이유'를 솔직하게 적어보죠. 어차피 나만 볼 거니까요. 제가 먼저 고백해볼까요?

–클린 식단을 3일하고 실패했다: 식단을 다시 도전해야 하는 이유는 건강한 몸을 만들어서 활력을 찾고 싶고 입고 싶은 옷을 입은 내 모습을 보고 싶기 때문이다. 건강해지면 해보고 싶은 일을 더 할 수 있을 거 같다. 3일은 해냈으니 이번엔 5일 도전이다. 얍.

–12시 30분에 잠들기 계속 실패했다: 일찍 잠을 자야 몸이 회복, 충전하고 아침에 일어나는 것에 무리가 없다. 매일 늦게 잠이 드니 매일이 힘들게 시작이다. 잠자리에 들 수 있도록 TV도 불도 끄고 수면 분위기부터 만들어야겠다. 어렵다고 포기하면 계속 피곤하게 살아야 한다.

이렇게 말하듯 그냥 편안하게 적어 보면 깨닫게 되죠. 실패라고 마침표를 찍기엔 너무 유의미한 이유들이 있고 지금도 다시 시작할 수 있는 기회가 충분하다는 것을 말이죠. 누구보다 내게 필요한 것들은 사실 내가 잘 알고 있으니까요. 제가 마녀님들께만 살짝 알려드리는 건데요. 위에 적어 놓은 두 가지 습관 이외에 몇 가지를 더 작성해 보았거든요. 근데 딱 한 가지만 다시 시작하지 말아야 하는 이유가 분명하더라고요. 저는 미라클 모닝이었어요. 솔직히 제가 원한다기보다는 미라클 모닝이 주는 이미지와 분위기를 가지고 싶었던 거더라고요. 요요습관 목록들에 다시 의미를 찾아주며 알게 되었지 뭐예요. 저는 이제 미라클 모닝에 억지를 쓰며 다시 도전하지 않습니다. 마녀님들도 억지로 쥐어 짜낸 의미 라벨링이 있는 건 아닌가? 다시 한번 살펴보세요. 씨익.

자, 그렇다면 이제 마침표를 쉼표로 바꾸는 기술 '습관 난이도 조절기'를 마녀님들께 장착해 드려볼게요. 어서어서 따라오세요!

습관 난이도조절기

마녀님들. 말해 뭐합니까! 수학 문제를 풀 때 제일 먼저 해야 하는 것은 문제에 해당하는 개념을 먼저 이해하는 것이죠. 개념을 이해했다고 바로 난이도 '상'에 해당하는 문제로 직진한다면? 안 봐도 VR이죠. 연필의 오랜 침묵이 이어지게 되는거죠. 당연히 난이도 '하'에 해당하는 문제부터 풀어나가면서 점차 난이도가 높은 문제로 향해야 하는 건 당연한 수순입니다. 내 실력에 맞는 문제에서 시작해야 한다는 것은 지극히 상식적이죠. 근데 그 당연하고도 상식적인 일을 스킵해서 만나는 것이 바로 습관요요 아니겠습니까? 너무 당연해서 쉽게 지나치는 그 순간 속으로 함께 돌아가 보도록 하죠.

자, 습관 레시피에 따라 내가 마음먹은 증량습관, 감량습관을 우리는 딱 세웠습니다. 그리고 반복해나갑니다. 처음엔 파이팅이 넘치는 내 마음 덕분에 마음먹은 습관이 순조롭게 진행되죠. 얼마 지난 후 우리는 두 가지 마음 중 하나를 마주하게 됩니다. 본격적인 습관요요 직전의 단계라고나 할까요?

첫 번째 만나는 마음은 '버거운 마음'입니다. 이제 시작한 습관이니 얼마간은 의지력도 열심히 가져다 쓰고, 있는 동기 없는 동기를 끌어다 부여하며 버텼지만, 이 두 가지 자원을 다 쓴 상태로 계속 이 습관을 이어갈 자신이 없어지는 상태가 옵니다. 그렇다 보니 '이렇게 힘든 걸 계속하는 게 맞나?' 하는 물음과 '버텨야 해. 나는 할 수 있어'와 같은 서로 대척점에 있는 혼잣말들이 오락가락 반복되죠.

아. 어떤 기분인지 너무 알 거 같아요. 내가 좋아하는 떡볶이를 앞에 두고 고민하는 다이어트 포기하기 바로 직전의 느낌. 조깅하러 나가기 전 운동화 신을까 말까 무한 교차 고민인 느낌일 테니까요.

두 번째 만나는 마음은 '지루한 마음'입니다. 습관 레시피대로 나노하게! 미미하게! 세운 습관들을 잘 이어 나가고 있지만 작은 성취감 쌓기를 너무 적극적으로 목표한 결과로 인해 작아도 너무 작은 성취감만 계속 쌓으며 무뎌지고 있는 상태죠. 내가 왜 이 습관을 가지려 했는지를 상실하기 딱 좋은 마음입니다. 습관을 통해 변화로 이어지기 전에 흐지부지될 확률이 높죠.

이 기분도 흠뻑 알 거 같아요. 아침에 눈 뜨고 딱히 변화를 못 느끼는 물 한 잔 마시기를 100일 동안 하는 중에 느껴지는 기분이랄까요, 줄창 윗몸 일으키기 한 개만 매일 한 지 3개월째라면 눈에 보이는 드라마틱한 결과는 없을 테니까요. 이런 마음이 들기 전에 습관을 반복하는 중간중간 꺼내 들었어야 합니다. 무엇을요? '습관 난이도 조절기'를 말입니다.

'습관 난이도 조절기 사용법'

1. 주기적으로 마음에게 묻습니다. 지금의 습관 행동은 '버거운가 vs 지루한가?'
2. 버거움을 느낀다면 행동 단위에 나노하게! 미미하게!를 다시 적용해야 합니다.
3. 지루함을 느낀다면 행동 단위를 늘려주거나 더 큰 상위습관으로 바꿔줄 시기입니다.
4. 갈고 닦을 때인지 바꿀 때인지를 알아차리기. 중요!!!!

너무 당연한 이야기 아니냐고요? 그러니까요! 하하. 더 갈고 닦아야 할 때인지 바꿔야 할 때인지 알아 차라는 것이 습관 빌딩에 정말 중요한 순간이라니까요. 매월 도시가스 검침하듯 나만의 습관 점검 주기를 설정해 놓고 그때그때 빼먹지 말고 습관 난이도를 체크 해주는 적극적 성의를 가져야 한다는 말씀입니다.

어떤 습관이든 내 마음에게 주기적으로 묻고 가꾸는 성의를 보이지 않으면 좋은 습관도 어느새 방해 습관으로 낯빛을 바꿔버리고 말 테니까요.

마녀 습관이란 내가 마음먹은 대로 살기 위해 필요한 큰 틀이라고 할 수 있잖아요. 마녀님들! 중간중간 '습관 난이도 조절기' 잘 활용해서 우리 나다운 틀 잘 만들어 나가보아요.

다시 한번 강조 드려요! 냅다 반복만 하지 말고 마음에 물어가며 조절해주고 가꿔주자고요! 씨익.

마녀소굴 탐방기

마녀가 득실득실한 곳! 인공위성도 찾지 못하는 바로 그곳! 마녀 소굴을 찾아내야 합니다. 우리는 그곳을 직접 찾아내고 제 발로 찾아가서 만나야 합니다. 누구를요? 나와 같은 마녀들을 말이죠. 같은 고민을 하고 있고 같은 목표를 가진, 마음먹은 대로 살아가기 위해 각고의 노력을 쏟고 있는 마녀들이 모여있는 곳에는 과학 따위로는 설명할 수 없는 신묘한 기운이 존재하니까요. 그 신묘한 기운 한 병이 있는 그곳이 바로 우리가 매달 정기구독해야 하는 마녀의 소굴이라고 할 수 있습니다. 특히나 이제 막 마녀로 살겠노라 마음먹은 0단계의 어린 마녀라면 마녀의 소굴에서 만나게 될 각 단계의 마녀들의 펄떡이는 이야기들이 마녀 습관을 만드는데 필요한 3요소를 수혈받기에 딱 용의 주도적이랍니다. 이 마녀의 소굴이야말로 우리의 습관을 만드는 '자극, 능력, 동기' 이 세 가지 요소 중 가장 큰 영향력을 끼치는 요소인 '자극'을 뾰족하고 신통하게 받을 수 있는 곳이랍니다. 끄덕끄덕.

"오잉? 습관을 만드는데 가장 많은 영향을 끼치는 요소가 '자극'

이라고요?"라며 물어오시는 마녀님들이 계신데요. 네! 네! 네! 우리가 습관을 만들려고 한다면 일단 건강한 기운이 가득한 자극부터 받아야 한답니다. 물론 마녀님들도 잘 알고 있기에 그동안 포스트잇에 자극이 되는 문구나 키워드를 적어 여기저기 붙여두고 원하는 이미지의 사진을 그동안 곳곳에 배치해 두었던 거죠.

일단 우리의 뇌는 자극을 받아야 마음을 먹기 때문에 꾸준히 건강하고 힘 있는 자극을 스스로에게 수혈하는 것이 적극적으로 필요합니다. 그래서 말입니다. 포스트잇에 적혀있는 2D 형태의 자극도 필요하지만 강력하게 살아 움직이는 4D 형태의 마녀소굴에 기어코, 스스로를 데려다 놓아야 한다는 거죠. 그곳에서 우리는 다른 마녀님들의 표정, 손짓, 발짓, 눈빛, 소리까지 모조리 에너지로 변환하여 흡수율 높은 고퀄의 자극으로 활용해야 합니다. 그냥 그곳에 나를 데려다 놓고 아무것도 하지 않아도 됩니다. 그냥 보고 듣고 느끼기만 해도 굿! 그것만으로도 일단은 충분합니다.

책 읽는 습관을 만들고 싶다면 책 마녀들이 있는 독서 모임이나 스터디. 운동 습관을 만들고 싶다면 운동 마녀들이 있는 모임이나 카페. 다이어트를 위한 식습관을 만들고 싶다면 다이어트 마녀들이 있는 그곳으로 나를 데려다 놓으면 됩니다. 혹시 오프라인 마녀들이 살짝 부담스럽다면 온라인 마녀들이 있는 그곳으로라도 말입니다. 지금 바로 검색해 보세요. 갈 곳이 어디 한두 곳이랍니까.

나를 마녀소굴에 주기적으로 연결하되 마녀들의 커뮤니티나 모임을 찾을 때는 기존 내 지인이 많은 곳은 비추랍니다. 또 한 곳이 아니라 내게 맞는 곳을 찾기 위해 몇몇 곳은 다녀보길 추천 드려요. 나와 코드가 맞는 마녀의 소굴을 찾는 수고를 기꺼이 즐기면 좋겠습니다. 그 과정 자체도 자극이 될 테니까요.

그러니까 나의 지인이 많은 곳에서는 지인과의 관계로만 묶이거나 기존의 나의 이미지 안에서만 활동하게 될 확률이 높겠죠? 이참에 스스로에게 새로운 마녀 부캐를 선물한다는 느낌으로 홀로 움직여 보는 것도 새로운 자극이 될 수 있습니다. 하지만 마녀소굴에 내 발로 찾아 간다는 게 우선순위일 뿐 저의 추천사항은 어디까지나 추천사항일 뿐이랍니다. 너무 세부적인 것까지 맞는 곳을 고르느라 움직이지 못한다면 그건 정말 더 안타까워지니까요. 적당히 마음이 끌리는 곳에 가보고 찾아가면 되는 거죠. 좋은 남자를 고르는 법을 배우려면 일단 이 남자 저 남자를 만나면서 배워야 하듯 말이죠.

습관의 요소 중 자극이 먼저라고 말씀드린 부분에 있어서, 동기가 먼저 아니냐고 말씀하는 분들이 더러 있으실 텐데요. 그게 말이죠. 동기는 가장 변덕이 심한 요소이기 때문에 관리가 가장 필요한 요소랍니다. 하루에 열두 번도 오르락내리락하는 게 동기니까요.

나를 마음 먹게 만드는 것도 동기, 먹은 마음을 도로 뱉어내게 만드는 것도 동기라는 녀석이기 때문에 동기는 계속된 수혈보다는 꾸준한 관리가 필요한 영역이라 말씀드리고 싶습니다. 제가 만들어 낸 이론이 아니라 수많은 습관 관련한 연구들에 의해 밝혀진 비밀 아닌 비밀이니까 믿으셔도 좋습니다.

습관에 관한 서적도 얼마든 추천해 드릴 수 있답니다. 추천도서도 얼마든 공유할수 있지만 사실 용어부터 발음하기 어려운 외국학자들의 전문용어들로 범벅된 연구사례들과 숫자 가득한 통계, 관련 트렌드까지 반드시 읽어야겠다는 마음이 크게 없다면, 마녀 습관편을 재독 하면서 스스로에게 질문하고 답하는 시간을 넉넉하게 가지는 게 더 효율적이라고 귀띔해드리고 싶네요. 하하.

한가지 조언을 더 붙여넣기 하자면, 마녀의 소굴에 제 발로 가되 그곳에서 나의 마녀습관의 노른자를 지키는 알끈을 잘 붙들고 있어야 한다는 겁니다. 나의 지켜야 할 중심 말이에요.

[마녀소굴 주의사항]

1. 다른 마녀에게 먹어야 할 마음을 묻지 말고
   내 마음은 스스로에게 물을 것.
2. 다른 마녀의 목표나 결과에 침 흘리며 기웃기웃하지
   말 것.
3. 마녀 레벨 만렙이 될 때까지 기꺼이 마녀가 될 것.
4. 마녀소굴의 영향을 받되, 또 영향받지 말 것.

마녀일지

동화 속 마녀들을 보면 늘 탐나는 아이템이 하나 있어요. 바로 하늘을 나는 빗자루! 빗자루 타고 시공간을 넘나들며 날아다니는 마녀들을 보면 참 있어 보이고 좋잖아요. 한낱 청소도구인 빗자루가 마녀의 손에 쥐어지면 하늘을 날게 한단 말이죠. 그렇다면 빗자루가 특별한 게 아니라 마녀가 빗자루를 특별하게 만드는 능력이 있는 건 분명한 거 맞죠? 그렇다면 말입니다. 우리도 명색이 마녀로 살기로 한 여자들인데 하늘을 나는 빗자루 하나 정도는 있어 줘야 하는 거 아닌가요? 그래서 말입니다. 이참에 우리 마녀님들을 휭휭 날아다니게 할 아이템을 소개해 드리려고요. 이름하여 '마녀일지' 요것이 바로 마녀 빗자루와 같은 역할을 두둑이 수행한답니다. 마녀일지는 우리를 마녀 습관으로 휭휭 날아다니게 함은 물론이고 습관요요로부터 우리를 지켜줄 굳건한 실드랍니다. 빙긋.

'마녀일지' 이름에서 유추하셨듯 마녀님들의 습관을 매일 기록해 나가는 도구죠. 너무 고전적인 방법이 아니냐고 물으신다면 너무 고전 맞습니다. 그런데 또, 고전이 고전인 데는 그만한 이유와 수많은 증거가 존재하는 거 아니겠습니까! 오래된 고전이 지닌 고전적 힘을 전적으로 믿으셔야 합니다. 방법은 너무나도 간단하니까요.

'마녀일지 1단계'

나의 취향이 충분히 반영된 노트를 준비합니다. 예뻐야 손이 가게 마련이죠.

제일 앞장에 증량습관, 감량습관 리스트를 적습니다.

우선순위 습관을 정하고 해당 행동 미션을 적습니다.

습관에 해당하는 미션을 수행 했으면 O, 수행하지 못했으면 X

오늘의 습관 피드백 한 줄로 마무리.

처음부터 무엇인가 대단하게 하려는 마음을 쿨하게 내려놓는 게 중요한 포인트랍니다. 30일 동안은 편안하게 O, X 표기만 한다고 마음먹고 해나가는 거죠. 익숙해지면 2단계로 고고!

'마녀일지 2단계'

해당 습관의 미션을 했으면 O : 몸과 마음의 작은 변화를 적습니다.

해당 습관의 미션을 못했으면 X : 수행하지 못한 이유를 솔직히 적습니다.

오늘의 습관 피드백 한 줄, 두 줄로 마무리.

자! 여기부터가 마녀일지의 하이라이트랍니다. 바로 나의 '핑계 목록' 뽑아내기! 내가 마음먹은 습관을 수행하지 못한 날, 이유로 적은 것들을 뽑아보면 주로 사용하는 핑계를 찾아낼 수가 있답니다. 바로 이 핑계를 찾아내서 알아차리는 것! 이거이거 너무 중요하니까 별 5개! 아니 별 500개! 자 이제 핑계들을 취합해서 적어볼게요. 나의 핑계들을 적어 놓은 포스트잇을 화장대, 냉장고, 책상 등 눈에 잘 띄는 곳에 턱 하니 붙여 놓는 겁니다. 결국엔 이 핑계들만 해결한다면 우리는 더 나다운 마녀로 살아갈 수 있다는 굿 뉴스 오브 굿 뉴스니까요. 그렇다면 우선 저의 단골 핑계 한번 들어보실래요?

'유윤주 마녀의 핑계 목록'

도저히 피곤해서 미션을 할 수가 없다.

아침에 늦게 일어나서 미션을 할 수가 없다.

할 일이 밀려서 여유의 시간을 내지 못했다.

저의 핑계 목록을 살펴보니 맨날 피곤하다는 것과 시간이 없다는 게 단골 핑계더라고요. 쩝!

그렇다면 피곤함을 해결하는 방법은 무엇일까?

그렇다면 아침에 늦게 일어나는 것을 해결하는 방법은 무엇일까?

그렇다면 변수가 생겼을 때 시간을 내지 못하는 것을 해결하는 방법은 무엇일까?

이렇게 스스로에게 반복적으로 묻기 시작한다면 이미 단골 핑계의 컨트롤이 시작된 거죠. 나의 단골 핑계 목록이 적혀있는 포스트잇을 볼 때마다 물어보는 거예요. 그렇게 나의 뇌님에게 드라이브를 걸어 놓으면 의식 · 무의식 모두를 사용해서 뇌님이 해결 방법을 찾게 된다는 거죠. 애써 바로 방법을 찾을 필요조차 없습니다. 반복적으로 뇌님에게 자꾸 물어보면 끝! '두드리라! 그러면 열릴 것이라'는 진리는 여기서 시작되는 것이니까요.

마녀님들의 습관을 매일 기록하며 마녀로서의 정체성을 찾아가는 과정은 온전히 내 삶을 위한 것이지만 차곡하게 쌓인 나의 기록은 또 누군가를 변화시킬 마녀력이 된다는 것, 너무 멋지잖아요. 씨익 '마녀일지 & 핑계 목록' 요거요거 모아보세요! 마녀님만의 아주 근사한 빗자루가 되어서 하늘을 휭휭 나는 마녀가 될 거라는 것에 제가 가진 마녀 습관 모두를 걸겠습니다. 오늘 밤 마녀일지를 펼쳐 보자고요. 우리 함께!

주의사항은 딱 한 가지입니다. 알려드린 방법을 눈으로 읽기만 하고 다음 책장으로 넘어가지 않기! 픕! 아무리 신통방통 천하제일의 솔루션일지라도 행동하지 않는 것을 이길 방법은 없으니까요.

마녀의 마법주문

"bibidi–bobbidi–boo"

재투성이 신데렐라를 한방에 그럴듯한 공주처럼 만드는 주문! 마녀님들 기억나시죠? 신데렐라가 판타스틱하게 비주얼을 체인지하는 장면, 어렸을 적 얼마나 설렜는지 몰라요. 그렇죠. 신데렐라에겐 요정 할머니의 마법 주문 '비비디 바비디 부'가 있었습니다. 아니 근데 우리 할머니는 왜 그런 마법이 없으신 거죠? 끙!

잘 생각해보면 신데렐라의 요정 할머니 주문에는 큰 그림이 숨겨져 있던 게 아닐까 합니다. 딱 3~4시간 후에는 원래의 재투성이로 돌아오니, 시간 안에 스스로의 운명을 바꿔 보라는 요정 할머니의 큰 그림말입니다. 그렇기에 신데렐라는 가진 매력을 한도 초과로 사용하며 왕자님의 마음을 사로잡으려 젖 먹던 힘을 짜내듯 노력하지 않았을까요?

소위 잘나간다는 마녀, 마법사, 요정들의 마법 주문은 많았지만 저는 신데렐라의 요정 할머니 마법 주문을 높이 사는 이유가 여기에 있답니다. 신데렐라에게 잠시 자신감을 선물했을 뿐 본질을 바꿔버리는 주문이 아니었으니까요.

할머니가 선물한 자신감과 신데렐라의 적극적 노력의 콜라보로 신데렐라는 현실을 부침개 뒤집듯 획 뒤집었단 말이죠. 물론 우리에게도 신데렐라처럼 요정 할머니가 나타나서 마법 주문을 읊어주면 좋으련만 우리에게 그런 할머니는 단호하게 없습니다. 뜬금없는 것도 정도껏 해야지 갑자기 우리 할머니와 요정 할머니를 비교하며 무슨 이야기를 또 하려고 그러나 싶으시겠죠? 자, 잘 들어보세요.

우리에겐 없는 요정 할머니를 쿠팡에서 주문할 수도 없는 노릇이고 그렇다고 우리 할머니에게 오늘부터 마법 주문을 연습해내라고 할 수 없다면 내가 나의 요정 할머니가 되어버리는 건 어떨까요? 내가 나의 요정 할머니가 되어서 '비비디 바비디 부'를 힘차게 외쳐주면 말이죠. 하하.

마음먹은 대로 살아가는 마녀로 살아가기 위해 우리는 마녀 습관을 매일매일 쌓아가고 있지만 강력한 습관요요의 유혹 앞에 오늘의 미션을 포기하고 싶은 순간들을 쉽게 만나게 되는 게 일상입니다. 나노하게! 미미하게! 를 적용하여 작게 만든 미션이라지만 이 나노한 미션 앞에서도 갖은 핑계들이 우리의 발목을 어찌나 잡아채는지 화장대 앞에 붙여 놓은 핑계 목록만 봐도 그렇잖습니까. 바로 그럴 때! 우리의 마법 주문으로 순간 자신감을 출력해보자는 이야기입니다.

비록 그 순간의 자신감이 단번에 뼛속까지 우리를 마녀로 확 바꿀 수는 없겠지만, 또 알아요? 신데렐라처럼 순간의 자신감으로 얻은 기회가 우리를 바꿔놓을지 말입니다. 너무나 맞는 말인 것이 습관이 우리를 마녀로 살 수 있게 한다는 건 이미 우리가 잘 아는 사실이니까요. 그러니 오늘의 미션을 포기하고 싶어질 때 찰나적 자신감의 도움으로 즉시 습관을 행동하게 해줄 우리만의 마녀 주문을 가져보자는 거죠. 그럴싸하죠?! 우리 집의 대마녀 엄마에게 물려받아 실제로 제가 사용하고 있는 기특한 마법 주문 하나를 소개해 볼까요?

그 주문은 바로 '그까이 꺼, 뭐' 랍니다.

엄마는 이 주문으로 스스로에게 자신감을 불어넣고 계신 것은 물론 저에게도 자신감을 푹푹 떠먹여 주셨지요. 예를 들자면 하루에 만보걷기 미션은 건강한 나를 만들기 위해 매년 세우는 습관 레시피 중 하나지만 막상 현관에 있는 운동화를 신어내기까지가 늘 고역인 탓에 날씨 핑계, 만성피로 핑계. 시간 핑계로 침대로 향하려 할 때마다 '그까이 꺼 현관문만 열면 끝난다.'라고 하시며 저를 등 떠밀어 주신답니다. 근데 진짜 신기한 건 일단 운동화를 구겨 신고라도 현관문만 일단 나서면 술술 걸어진다는 거죠. 만보걷기 천적은 현관 어딘가에 도사리고 있는 게 분명한 게죠. 풉!

엄마의 그 마법 주문은 어떻게 만들어지게 된 걸까요. 같이 산책을 나와서 물었더랍니다. 별거 아니라고 생각하고 막상 덤벼들면 사실 별거 아닌 일인 경우가 9할이라는 엄마의 이야기는 말 그대로 긍정적 언어의 출력으로 우리의 뇌님을 착각하게 만드는 실로 대단한 마법 주문이 아닐 수 없었습니다. 혼잣말로 '그까이 꺼'를 중얼거리며 행동으로 직진하는 엄마만의 주문! 벤치마킹은 이럴 때 쓰라고 만든 용어 아니겠습니까. 엄마의 '그까이 꺼, 뭐'라는 주문은 아주 유용하게 사용하고 있답니다.

하지만 저도 마녀 중의 마녀로 살고 싶은 사람인데 나만의 주문을 하나는 있어야 하지 않겠습니까. 그래서 재미난 생각 끝에 나만의 주문을 하나 만들어 냈죠. 제가 사용하는 주문은 숫자 형 주문이랍니다. 바로바로 '19만! 19만!'='쉽구만! 쉽구만!'

게으름이 소 떼처럼 몰려올 때 저는 '19만! 19만!'을 외치며 일단 침대에서 벌떡 일어나는 거죠. 저는 침대 친화형 인간답게 침대 위에서 뭐든 해결하려는 게으른 습관 탓에 일단 무엇을 하려면 침대에서 빠져나오는 게 일 중에도 큰일이기 때문이죠. 얼굴은 울상을 짓더라도 입으론 긍정을 냅다 출력해보는 겁니다. 일단 '19만! 19만!'을 외치며 침대에서 한 발을 땅으로 내디디면 밍기적 타임을 줄이고 빠르게 습관 미션이 시작되게 된다는 거죠.

나의 뇌님은 내 목소리에 가장 반응하기 때문에 일단 소리 내서 외치는 게 중요합니다. 그것도 힘 있고 큰소리면 더더욱 강력한 주문완성이랍니다. 게다가 엄마의 주문과 저의 주문을 결합하면 더 파워풀한 주문이 된다는 걸 알아냈죠. '그까이 꺼, 뭐! 19만! 19만!' 저만의 마법 주문은 밍기적거리며 핑계를 찾는 나의 뇌님에게 아주 안성맞춤 주문인 거죠.

자, 우리 마녀님들도 나만의 주문 하나 오늘 장만해보죠! 무자본 제조니까 손해 볼 것도 없고 일단 해보는 겁니다. 단 주의사항은 주문의 효력이 즉시 나타나지 않는다고 잘못된 주문인가 의심하지 않기. 나의 뇌님에게 주문이 걸리기까지는 약간의 시간과 반복 그리고 무엇보다도 믿음이 필요하니까요. 마녀주문, 믿어야 시작됩니다.

습관 불변의 법칙

한방은 없다

로또 1등에 당첨될 확률은 814만분의 1이라는 거 아세요? 껄껄. 벼락 맞아 숨질 확률이 28만분의 1이니까, 벼락 맞아 숨질 확률은 로또 1등 당첨될 확률보다 무려 29배나 높습니다. 그런데 로또에 비하면 훨씬 확률이 높은 벼락 맞아 숨진 사람들도 로또에 당첨된 사람들도 제 주변에 아직입니다. 어쩌면 로또 1등을 숨기고 있을지도 모르지만요. 어쨌거나 로또 1등 당첨도 벼락을 맞을 확률도 확률이 없는 게 아닙니다. 그러니까 로또를 다들 그렇게 구매하는 것 아니겠습니까. 확률은 반드시 있으나 매우 희박할 뿐이죠.

근데 말이죠, 습관은 한방에 만들어질 확률이 분명하게 확실하게 단호하게 0%라는 겁니다. 확률이 없어요. 0.0001%도 일절 없습니다. 단 한 번에 습관을 만들었다는 사람 본 적 있으세요? 만약 그렇다고 주장하는 사람이 있다면 그 사람은 지구인이 아니거나 위대한 뻥쟁이랍니다. 그래서 말입니다. 마녀 습관 쳅터 3에서는 지구가 멸망할 때까지 변하지는 않는 '습관 불변의 법칙'을 마녀님들과 함께 생각해보려 합니다. 말 그대로 불변이니까요, 받아들이는 게 제일 속 편하다는 말씀이 되겠습니다. 씨익

'사람은 안 변한다.' '사람은 고쳐 쓰는 거 아니다' 누가 한 말인지 모르지만, 누구나 다 아는 참 맞는 말이죠? 뭐 저도 더러 듣기도 하는 말이고 종종 하기도 하는 말입니다. 근데 말이에요, 이런 말들의 노른자는 분명 습관 아니겠습니까? 우리가 경험해 봐서 잘 알지만, 사람이 쉽게 변하지 않는 근거는 분명 습관 때문이라는 거죠. 근데 또 그 안 변하는 사람을 변하게 만드는 것도 습관인 걸 보면 습관은 어떻게 하느냐에 따라 다른모양을 만드는 인생의 중요한 재료임은 틀림없죠. 변하지 못하게 하는 것도 변하게 만드는 것도 모두 습관의 힘이니까요. 그렇기에 우리가 습관에 진심이어야 마녀로 살아갈 수 있는 거 아니겠습니까.

'습관 불변의 법칙 1. 한방은 없다.'

자, 운동 습관을 작정하고 만들어 볼 작정으로 오늘 24시간을 운동에 시간을 몽땅 쏟았다고 해서 운동 습관이 만들어질까요? 완벽하게 오늘을 운동 데이로 보냈다고 했다고 해도 오늘은 운동한 날이 되는 것일 뿐 운동 습관이 만들어졌다고 할 수가 없죠. 그러니 오늘 하루 운동을 한 사람을 보고 어느 누구도 운동 습관이 있다고 이야기하지 않습니다. 어디 운동 습관뿐이겠습니까. 건강한 식습관을 만들어 볼 작정으로 세끼를 완벽하게 건강 식단을 해냈다고 해도 마찬가지고 독서 습관도 생각 습관도 벼락치기로는 어림에 어림도 없는 이야기죠.

보다 수월한 습관은 있을지 몰라도 한방에 만들어지는 습관은 절대적으로 존재하지 않습니다. 즉 오늘 하루의 완벽한 습관 플랜이 중요한 게 아니라, 습관은 오늘과 내일을 또 내일과 그 내일을 연결하는 고리들의 '끊김 없는 나열'이 더 중요하다는 이야기랍니다. 그렇기에 습관은 완벽한 한 방이 아닌 좀 어설퍼도 길게 가는 연명 요법으로 가야 합니다. 연명이라는 말이 주는 어감이 좀 그런가요? 하지만 확실한걸요. '습관에는 연명이 현명입니다.'

하루하루 습관을 근근이 또는 겨우 이어간다는 느낌으로 연명하는 것이 디테일을 추구하는 것보다 훨씬 더 현명한 전략이 될 수 있다는 거죠. 디테일을 돋보기로 들여다보는 순간, 순간순간 포기해야 할 이유가 선명하고 또렷하게 보이기 때문이죠. 매일매일 만드는 습관의 디테일을 자세히 들여다볼 돋보기가 아닌 어설픈 디테일을 쿨하게 눈감아 줄 선글라스를 착용하는 것이 스스로를 돕는 길이 맞습니다. 앞서 습관 레시피에 따라 습관은 미미하게! 나노하게! 디자인하는 이유도, 그 나노한 미션을 해냈을 때마다 성취감에 뇌를 담가놓기 위해 칭찬을 흥청망청 쏟았던 이유도, 습관일지에서 그날그날 습관을 ○, ×로만 심플하게 표기하는 이유도 모두 하루하루를 연결할 현명한 연명을 하기 위한 전략이었던 거죠. 끄덕끄덕.

그러니까 정리해서 말씀드리자면 말입니다. 습관을 한방에 만들 수 있는 확률은 제로! 습관에 한방은 없다지만, 오늘의 근근한 연명이 모여 나를 대표하는 대표 습관, 성장 습관이 될 수 있다는 확률은 100%! 되겠습니다. 0%와 100%가 매일 공존하는 영역이 바로 습관이라는 거죠. 그렇게 매일을 연명하듯 연결하기만 해도 달라진다는 습관의 보이지 않는 힘! 이런 습관의 힘을 당장 눈앞에 보여주지 않는 것은 어쩌면 습관이 우리에게 주는 강력한 테스트일지도 모르겠어요. 후훗.

자 우리 기억하자고요. 지구가 멸망할 때까지 변하지 않을 습관 불변의 법칙 1. 한방은 없다.

현명하게 연명하자! 마녀님들 오늘도 우리 연명하듯 습관 만들기 해요.

정답은 없다

자, 오늘 저녁 약속은 홍대 앞 마라탕집입니다. 준비도 다 했고 어디 한번 출발해 볼까요? 네이버 지도에 해당 장소를 입력하니 3가지 방법이 제시되는군요. 자가용, 대중교통, 도보. 셋 중 어떤 것을 선택하더라도 네이버는 우리에게 친절하게도 가장 빨리 도착하는 길을 안내해줍니다. 근데 말이에요. 사실 홍대 앞 마라탕집에 가는 길은 세 가지 방법만 있는 것이 아니고 어떤 길을 어떻게 선택하느냐에 따라 수십 가지가 더 될 수 있잖아요. 가능한 방법을 모두 따지자면 어디 수십 가지만 되겠습니까. 다만 네이버가 세 가지 방법으로만 안내를 해주는 이유는 사람들이 빨리 가는 길을 선호하기 때문일 테고 그게 가장 효율적이라고 판단하기 때문이겠죠? 근데 말입니다. 빨리 도착하는 방법을 선택하는 것이 홍대 앞 마라탕집에 가는 유일무이한 정답일까요?

잘 생각해보자고요. 그간 밀린 살들을 이번에야말로 다 정산하겠다. 마음을 먹었습니다. 다이어트 유튜버의 영상에 담긴 노하우를 쏙쏙 캡쳐하느라 손가락이 얼마나 바삐 움직이는지, 다른 건 몰라도 손가락 살은 확실하게 정리될 각이네요. 이 유튜버는 아보카도를 먹고 15kg 감량했다는군요. 저 유튜버는 매일 계단 오르기를 한 달 하고 17kg 감량을 했다고 하고, 유튜버마다 노하우들이 쏟아지는데 말입니다. 그렇다면 저도 아보카도를 먹고 계단을 오르내리면 15kg, 17kg 감량은 완전 확정인 건가요? 그들의 노하우가 나의 다이어트 식단의 정답일까요? 음…. 홍대 앞 마라탕집에 가는 방법도 또 다이어트 식단의 방법도 누구에게나 맞는 완벽한 정답이 실제로 존재하기나 할까요? 확실한 건 내게 맞는 방법을 찾아가는 것이 실로 정답다운 정답일 뿐입니다. 안 그렇습니까?

'습관 불변의 법칙 2. 정답은 없다.'

습관 만들기에 있어서 앞서 알려드린 마녀 '습관 포뮬러 & 습관 레시피' 그리고 '습관요요'에 관한 아이템들 모두가 마녀님들을 마녀로 만들어 줄 유용한 노하우임에는 틀림이 없습니다. 제가 호언장담한다는 말까지 과감하게 사용하며 장담할 수 있다니까요. 그러나 어디까지나 그 또한 참고해야 할 노하우일 뿐 완벽한 정답은 아니라는 이야기죠. 이유인즉슨 습관을 만들어 가고 그 습관으로 삶을 살아가야 할 주체는 바로 '나'이기 때문이죠.

습관이란 나로부터 나에 의해 온전히 만들어져야 하는 고유영역이기에 분명히 내가 담겨있어야 합니다. 그렇겠죠? 그렇기 때문에 세상에 존재하는 습관에 관한 이론과 노하우는 나의 노하우를 만들어 나가는 과정에 참조해야 할 사항일 뿐 절대적 기준이 될 수도, 되어서도 안 된다는 생각입니다. 제일 안타까운 습관은 내가 빠진 허울 좋은 '개살구 습관'이니까요. 끄덕끄덕.

'습관이 습관 자체로써 목표가 되는 것이 아니라 나의 정체성을 위한 습관이 되어야 한다.'라는 거죠. 마음먹은 대로 살기 원하는 마녀로서 나는 어떤 습관을 가질지에 대한 질문과 선택이 대전제가 되어야 맞고 말고요. 암요암요! 기껏 여기까지 읽어왔는데 습관 불변의 법칙 운운하며 '한방은 없다'하고 '정답은 없다'하니 혹시 부정적인 이야기로 들릴 수도 있겠지만 뒤집어 생각해보면 말입니다.

내가 시도했던 모든 방법과 과정들이 정답이 아니었다고 말할 수만은 없다는 긍정적인 이야기가 됩니다. 왜냐하면, 습관이라는 게 평생을 걸쳐 진화하는 나만의 시스템이라고 할 수 있기 때문에 지금은 맞다고 느끼는 방법이 나중엔 바뀔 수도 있고, 지금은 아니라고 생각했던 방법이 지나고 보면 맞다고 느낄 수도 있는 거니까요. 그러니 정답을 찾아내야만 한다는 갈증은 효율을 가장 중요시하는 문제해결 방식에 취해있는 또 다른 습관일 수 있다는 거죠.

갑자기 흑역사 하나 급 고백하는 건데요, 습관을 만들어 가며 나에게 저지른 가장 웃픈 만행이 바로 다른 마녀님들과의 비교였어요. 자기 계발을 위해 나를 성장시키는 습관을 만들고자 마녀의 소굴에 제 발로 찾아가서는 이상한 쪽으로 나도 모르게 계발을 했었던 적이 있었거든요.

새벽형 인간의 유행에 휩쓸려 덜컥 미라클 모닝을 결심하고 미라클 모닝 단체카톡방에 입장했던 때가 있었습니다. 미라클 모닝 카톡방에서는 5시 기상이 당연 국룰이죠. 근데 언제부터인가 4시에 일어나는 사람들이 4시에 첫 글을 올리기 시작했고 5시에 일어난 사람들보다 마치 더 자기 계발에 진심이고 부지런하다고 인정받는 듯한 분위기가 조성되더라고요. 그래서인지 4시에 인증을 하는 특별한 부류가 생겼고 급기야 3시 30분에 인증을 하는 사람들까지 나오지 뭡니까! 미라클 모닝이라더니 잠을 못 자고 모닝을 맞이하여 미리클인 건지 말입니다. 일찍 일어나기 베틀방에 들어간 건가 싶었어요.

아무도 뭐라고 하지 않지만, 자연스레 다른 마녀님들의 행동 습관과 제 행동 습관을 비교하며 나는 왜 더 일찍 못 일어나는지가 고민이 되어버렸습니다. 누가 몇 시에 일어나든 나는 내가 세운 플랜대로 하면 되는 건 너무 알겠는데, 이왕 하는 거 다른 분들보다 잘 해내고 싶은 마음이 깊은 곳에 있었던 게죠. 그래서 억지로 기를 쓰며 4시에도 일어나보며 힘겹게 인증을 해내곤 했습니다.

이런 미라클 모닝이 어떻게 나다운 습관을 만들어 줄 수 있었겠습니까. 이미 제 습관은 주인을 잃었는데 말이죠. 한가지 절대적 명제는 '마녀 습관에 정답은 없다지만 비교는 확실한 오답'이라는 것이죠.

그러니까 말입니다. 혹시나 다른 마녀님들의 목표나 결과를 비교하고 있다면 바로 그 순간을 잘 컨트롤해야 하는 중요한 지점이랍니다. 좋은 자극제로 사용할 것인지 반대로 내 습관의 주인을 잃게 할 것인지, 바로 내게 달려있으니까요. 누군가의 결과나 수치에 휘둘리지 말고 습관의 강약과 속도를 조절할 수 있는 마녀 습관을 가진 진짜 마녀가 되기 위해 자 우리 기억하자고요.

지구가 멸망할 때까지 변하지 않을 습관 불변의 법칙 2. 정답은 없다.

때는 없다

자고로 모든 일에는 때가 있다고 했습니다. 진짜로 모든 일에 때가 있는 걸까요? 그 말을 누가 했는지는 모르겠지만 언젠가 만나면 꼭 말씀드리고 싶어요. 다른 때는 몰라도 습관에 완벽한 때란 없다고 말이죠. 굳이 때를 따지자면 '이때' 바로 지금이 가장 좋은 때라고 할 수 있겠죠. 때 타령은 습관 영역에선 씨알도 안 먹힌다는 이야기랍니다.

'습관 불변의 법칙 3. 때는 없다.'

"지금은 하는 일이 너무 많으니까 이 일만 좀 정리되면 그때부터 운동해야지."

"이번 주까지는 저녁 약속 꽉 찼으니까 이번 주만 지나면 꼭 다이어트 시작해야지."

"아직은 아이가 어리니까 유치원만 보내면 뭐라도 배워봐야지."

"오늘은 너무 늦었으니까 내일부터 책 읽어야지."

위에 열거한 독백 속 운동하겠다는 이야기는 딱 한 번 하겠다가 아니라 운동 습관을 가지겠다는 이야기죠? 다이어트를 하겠다는 이야기는 딱 오늘만 하겠다가 아니라 다이어트 습관을 가지겠다는 이야기이고 뭐라도 배우겠다는 이야기는 자기 계발 습관을 가지겠다는 이야기, 책을 읽겠다는 이야기는 독서 습관을 가지겠다는 이야기고 말이죠. 결국, 우리가 무엇인가 마음을 먹는다는 것은 습관을 만들겠다는 말과 동의어, 유사어라고 봐도 무리가 되지 않을 거 같습니다. 끄덕끄덕.

근데 말이죠. 진짜 지금 하는 일을 정리하면 딱 운동을 시작할 완벽한 때가 기다리고 있을까요? 그 일이 끝나면 또 다른 일이 기다리는 게 현실 아닌가요? 이번 주가 지나면 다음 주에는 진짜 저녁 약속이 하나도 없을 자신이 있는 걸까요? 아이는 유치원만 가고 초등학교는 안 가는 거냐고요. 또 내일이면 일찍 책을 읽을 수 있을 넉넉한 시간이 과연 준비될까요? 음.

마녀님들의 경험치만 살펴보더라도 직장에서의 일이든, 집안일이든 진짜 일이 없는 때가 있기는 했었냐는 말입니다. 잘 생각해보세요. 우리가 안 바쁜 날들이 도통 있었냐는 말이죠. 사실 그건 죽어야 끝나는 일인 거 아닌가요? 맞아요. 죽어야 끝난다니까요. 근데 또 사실 아직 죽어 본 적은 없어서 죽은 뒤에도 무슨 일이 생길지는 더더욱 모르는 일이죠. 픕. 그러니 말입니다. 우리가 완벽한 또는 적당한 때를 기다리겠다는 말은 사실 해야 하는 건 알지만 지금은 맘에 안 드는 여러 이유 탓에 어쩔 수가 없다는 그럴싸한 명분으로 위장한 게으름일 수도 있다는 말이죠.

이렇게 뭉뚱그려서 다음으로 미루는 것 자체가 이미 습관이 되어버린 거라면 어떻게 해야 할까요? 마녀로 산다는 건 마녀로 만들어 줄 유익한 습관들을 증량하겠다는 증량습관에 관한 이야기이기도 하지만 실은 마녀로 사는 것을 방해하는 방해 습관 즉 우리의 일상에서 감량하고 싶은 습관들과 끊임없는 실랑이를 벌여야 하는 일입니다. 보통 피곤 한 일이 아니죠. 그 피곤함을 너무도 잘 알기에 미뤄야 할 명분을 계속해서 생성해내는 습관이 우리 안에 깊숙이 한 축을 차지하고 있다는 게 가장 큰 위험이 아닐까 합니다.

사실 그렇다 할 명분 중 가장 그럴듯한 명분이 완벽한 또는 적당한 '때'를 찾는 중이라고 말하는 것 아니겠습니까. 그런데말입니다. 그 완벽함과 적당한 때를 이겨낼 수 있는 방법이 '대충'이라면 믿으시겠어요?

대충 시작하면 할 수 있거든요. 잘하려 말고 대충하는 겁니다.

일단 대충이라도 시작하고 나면 힘이 생기는 경험 다들 있잖아요. 막상 책을 펴는 게 어렵지 한 장만이라도 읽어야 한다고 마음먹고 시작하면 다음 내용이 궁금해서 몇 페이지를 더 읽어버린 적 있으시죠? 막상 운동을 시작하는 게 어렵지 스쾃 한 개만 해야지라고 마음먹고 스쾃을 시작하면 딱 한 개만 하기가 오히려 더 어렵다니까요. 그죠? 그렇기 때문에 우리가 습관 레시피에서 미미하게 나노하게를 외치며 행동 단위를 안 하기 어려울 정도로 시작의 문턱을 파격적으로 낮춰버린 것이니까요.

서점에 가서 쭉 살펴보세요. 시작에 관련한 책들이 매년 쏟아져 나오는데 막상 보면 대단한 기술들이 있는 게 아니라 '대충 시작하라' '그냥 시작하라' '일단 시작하라' 하는 한결같은 메시지만이 수십년간 반복되고 있다니까요. 동서양을 막론하고 시작에 관련한 속담이나 명언들이 그렇게 많은 이유도 시작이라는 단어에는 우리가 아직 모르는 초자연적이고 특별한 힘이 있기 때문이 분명합니다. 경험해본 자들만이 아는 그 시작의 힘 말이죠.

자, 완벽한 때와 적당한 때가 주는 달콤하지만 쓸모없는 환상을 냉큼 버리고 대충 시작해보자고요. 완벽을 만드는 중요한 요소 중의 요소가 어쩌면 대충일지도 몰라요. 빙긋.

지구가 멸망할 때까지 변하지 않을 습관 불변의 법칙 3. 때는 없다.

마녀님들! 다시 한번 강조하지만 가장 완벽한 때는 '이때' 바로 지금이랍니다.

배신은 없다

마녀님들 배신당해 본 적 있으세요? 뭐 배신도 스펙트럼이 워낙 넓다면 넓은 영역이라 어떤 것부터 배신의 범주에 넣을 것인가 애매하긴 하지만, 같이 치킨을 켰는데 닭의 왼 다리 오른 다리가 몽땅 한 사람 입으로 들어가는 걸 눈앞에서 당했거나, 통장 잔고가 내게 안부도 안 묻고 바로 카드값으로 이체되어버리는 것도 배신 아닌가요? 뭐 정통 배신까진 아니어도 소확배 정도 아닐까 싶은데요. 소소하지만 확실한 배신 말이죠. 풉.

막 영화에서처럼 야심에 절여진 행동대장급 조직원이 보스의 목을 노리고 덤비는 그렇다 할 배신을 당해 본 적은 없다지만 저는 은근한 배신은 계속해서 당해 온 거 같아요. 누구에게냐고요? 유윤주란 여자에게요! 맞아요. 저요. 저! 정확히 말하자면 제 안에 있는 의지력님과 동기님에게 꾸준한 배신을 당해왔다고 말하는 게 맞겠네요. 제가 습관에 진심인 건 다 아시죠? 저는 마음먹은 대로 살기 위해 스펙보다 습관을 만들기로 마음먹은 습관 마녀잖아요. 당장 마녀로 살기로 했으니 마법이라도 부려 곧장 완벽한 마녀로 변신할 수는 없지만, 습관은 바로 지금부터 시작할 수 있으니까요. 그래서 마음먹은 대로 습관을 계획하고 만들어 갔단 말이죠. 나름 진심이었고 나름 노력했습니다.

그러나 나름의 진심과 노력은 습관요요 앞에 가벼운 무릎을 습관적으로 꿇고 다시 원래 습관으로 돌아오는 일이 빈번했단 말이죠. 습관요요에게 발목을 잡히는 데 큰 역할을 한, 내 안의 그 배신자들이 바로 의지력님과 동기님이란말입니다. 그렇게 믿었던 의지력과 동기가 어찌나 매번 제 머리에 꿀밤을 먹이며 약 오르는 배신을 하던지요. 아, 심지어 과거 완료형이 아니라 이 배신은 현재 진행형이기도 합니다. 아니 미래에도 일어날 예언자적 과거 완료형 배신일 수도 있습니다. 그렇기에 습관을 만드는 영역에서는 의지력과 동기를 철석같이 믿지는 말아야 합니다. 너무 믿으면 기대가 생기고 기대를 가지는 순간 실망하게 된다는 건 세상만사 어디에나 적용되는 오랜 진리니까 말입니다.

일단 의지력은 우리가 가진 핸드폰 배터리처럼 딱 정해진 에너지입니다. 그러니까 잘 분배해서 쓰지 못하고 마구 써버리면 방전이 되고 마는 거죠. 그러니 의지력이 없다는 해석보다는 의지력을 소비하는 우선순위에 당하는 거라고 할 수 있는 거죠. 근데 의지력의 배신도 배신이지만 더 큰 배신은 변덕스러운 동기 때문인데요. 이 동기는 하루에도 열두 번씩 멋대로 변하는 탓에 동기로 습관을 만들려고 했다간 진짜 역습을 당하는 건 시간의 문제라는 거죠. 습관 만들기에서는 의지력과 동기에게 배신당하지 않도록 잘 관리해야 하는 게 중요하고 이 배신자들에게 큰 능력을 발휘하길 바라는 게 아니라 아기를 다루듯 살살 잘 키워나가야 한다는 게 중요한 포인트라 할 수 있겠습니다.

아. 그렇다고 의지력님과 동기님과 무작정 손절은 금물입니다. 손절할 일이 아니라 이 배신 잘하는 두 님들을 잘 데리고 만든 습관이 우리를 마녀로 살도록 해주기 때문이죠. 아이러니하지만 배신 잘하는 의지력과 동기를 잘 사용해서 만든 습관이 비로소 우리를 마음먹은 대로 살게 하는 마녀가 되게 하며 그렇게 공들여 만든 습관은 우리를 절대 배신하지 않는다는 것이랍니다.

'습관 불변의 법칙 4. 배신은 없다.'

다시 한번 강조하지만, 만들기가 까다로울 뿐 한번 우리의 이름에 새긴 습관은 절대로 나를 배신하지 않습니다. 그래서 우리가 이렇게 노력하는 거 아니겠습니까. 지금의 나는 과거에 만든 습관의 합이 만들어 낸 모습이라면 지금 내가 만들고 있는 습관이야말로 가장 능동적으로 내 미래를 만들어 줄 믿을만한 근거를 만드는 일에 틀림이 없다는 거죠. 예측할 수 없는 미래는 우리 앞에 턱턱 놓이게 되는 변수꾸러미들의 작용 때문이지만 그 변수들의 파동에 흔들리지 않는 유일한 방법은 바로 우리 삶에 든든한 상수인 습관을 곳곳에 배치하는 일이니까요.

마녀로 살고 싶다면, 우리는 습관에 좀 더 진심이어야 한다는 결론입니다. 그렇기에 습관을 만드는 과정 중에 만나게 되는 감정과 소소한 배신에 매몰되지 말아야겠죠. 기꺼이 배신당해주고 오히려 그 배신까지 역 이용하여 만든 습관이야말로 우리를 마녀로 살게 할 든든하고 묵직한 습관이 될 테니까요.

지구가 멸망할 때까지 변하지 않을 습관 불변의 법칙 4. 배신은 없다.

잘 만든 마녀습관의 배신은 없습니다!

안 되는 건 없다

제목부터가 별로죠. 세상에 안되는 게 왜 없습니까! 힘을 내서 억지를 써도 안 되는 건 안 되는 겁니다. 맞죠. 저도 잘 압니다. 두 번째 스무 살을 살고 있는 지금에 와서 5cm 정도 키를 더 키우겠다는 목표나 한소희, 송혜교처럼 이목구비를 바꿔 보겠다는 목표는 주변에서 짱돌을 맞을 소리란 걸 모를 리가 있겠습니까. 다시 태어나야 그나마 확률이 발뒤꿈치 각질만큼이라도 생기는 이런 영역들은 어쩔 수 없다지만, 습관에 있어서 '안 되는 건 없다'라는 말은 분명 흰소리가 아니랍니다.

'습관에 있어 안 되는 건 없습니다. 다만 안된다는 생각이 존재할 뿐.'

사실 습관은 말이죠. 신이 지구인들 누구에게나 공평하게 선물해준 숨겨둔 기회일 수 있답니다. 습관 금수저는 꼭 타고 태어난다기보다는 100% 손수 한 땀 한 땀 만들어 가는 것인 걸 보면 딱 그러잖아요. 태어난 순간부터 우월한 습관으로 1일을 시작하는 아기는 결코 없으니까요. 우리와 늘 함께하고 있기에 큰 존재감으로 못 느길 뿐 일상을 구성하는 패턴이자 나를 가장 잘 설명할 수 있는 진짜 자기소개서 또한 세상 두 쪽이 나도 습관 아닐까요?

이런 습관을 만드는데, 자격증이 필요합니까. 보증금이 필요합니까. 뭐 시험을 보는 것도 아니고 말이죠. 달랑 마음만 먹으면 지금 바로 시작할 수 있고 안되면 또 할 수 있고 또 안되면 또 할 수 있고 계속할 수 있죠. 내 마음에 따라 말입니다. 또 한 번 좋은 습관이 만들어질 때마다 습관 근육이 아주 착착 생겨나서 다음 습관을 만드는 데 큰 도움을 준다는 말입니다.

반대로 안 좋은 습관들도 한번 찐하게 만들어지면 똑같이 습관 근육이 쑥쑥 생겨나기도 하죠. 그렇기 때문에 어느 쪽에 습관 근육을 만들어 놓느냐가 관건이겠죠? 그렇기 때문에 습관은 마법이자 저주가 될 수 있다고 말씀드린 거랍니다. 마법이 될지 저주가 될지도 남들한테는 지분이 1도 없어요. 모두 내 손에 달렸단 말입니다. 내 손에 달린 일이니 나만 잘하면 안 되는 게 없다니까요.

'습관 불변의 법칙 5. 안 되는 건 없다.'

안되는 습관은 없습니다. 아직 안 되는 습관만이 있을 뿐!

사실, 습관 만들기에 있어서 내가 그려놓은 안된다는 생각의 원은 내가 만든 허상일 뿐 나의 실상은 아닌 게죠. 이 원은 지울 필요도 없어요. 허상이니까요, 다만 그 원을 집어삼킬 더 큰 원을 그리면 됩니다. 안되는 게 아니라 아직 안 되는 것뿐이라는 생각의 원을 더 크게 그리는 생각 습관과 그 생각을 매일 반복해서 스스로에게 말해주는 언어습관을 가지면 끝나는 거죠. 습관은 습관으로 덮으면 딱 좋아요. 습관 불변의 법칙들 1, 2, 3, 4, 5를 잘 살펴보세요. 다 우리가 이미 알고 있는 것들입니다. 알고는 있으나 어렵고 불편한 과정을 스킵하고 싶은 사심이 가득하기에 습관 불변의 법칙들을 거스르고 싶은 것일 뿐인 거죠. 그 사심을 내려놓고 잘 들여다보세요. 안될 이유가 도저히 없어요. 도저히.

마녀님들 습관의 3요소인 동기, 의지력, 자극 기억나죠? 이 셋 중에서 잘 키워놓으면 똑소리 나게 효도를 하는 요소가 있답니다. 뭘까요? 맞춰보세요! 3요소가 습관을 시작할 때 다 필요한 요소들이지만 그중에 우리가 믿고 키워볼 만한 요소는 바로 '의지력'입니다. 감정과 기분에 따라 롤러코스터를 타는 동기보다 무엇인가 해내겠다는 마음인 의지력은 성취감을 먹으면 배터리 크기가 커지고 튼튼해지기까지 한다니까요.

당장의 의지력은 매우 소박할지 몰라도 의지력의 배터리는 습관으로 키울 수 있답니다. 잘 키워놓은 의지력 하나로 게으름 뒤에 숨고 싶고, 못 하겠다는 마음을 핑계 삼고 싶을 그 순간에 해결사로 꺼내쓰는 전략을 갖자는 이야기입니다.

그럼 의지력은 어떻게 키우느냐고요? 이미 마녀님들은 의지력을 쑥쑥 키우고 있는걸요. 성취감을 먹으며 자라는 의지력을 위해 미미하게! 나노하게! 습관 레시피로 마녀 습관을 만들고 있고 성취감을 적극적으로 늘리기 위해 보상도 적절하게 하고 있잖아요. 또 직접 결과물을 눈으로 보여주기 위해 마녀일지까지 쓰고 있으니까 우린 잘하고 있는 거죠. 혹시나 지금껏 미뤄왔다 하더라도 오늘부터 바로 의지력 키우는 습관을 시작할 수 있으니 얼마나 좋아요. 잘 키운 의지력 하나, 열 동기부여 안 부럽다! 이 말씀이죠. 습관 3요소의 특성을 잘 활용해서 마녀답게 잘살아 보자고요. 믿을 구석이 있다고 생각하니 좀 든든해지는 거 같으시죠?

지구가 멸망할 때까지 변하지 않을 습관 불변의 법칙 5. 안 되는 건 없다.

주목하세요! 2장에서는 의지력을 잘 키우는데도 꼭 필요하며, 마녀를 더욱 마녀답게 만드는 몸과 마음의 에스테틱, 이름하여 맘스테틱이 준비되어있답니다. 궁금하죠? 마녀님들은 더 좋아질 일만 계속계속 남은 거라니까요. 이번 생에 재미없게 살기는 글렀습니다. 빙긋.

CHAPTER

3

마녀의 뫔스테틱

-거울 속 단 한 사람을 위한

몸+맘 셀프 케어

맘스테틱

마음왁싱

솔직한 얘기로 마녀로 산다는 게 마음만 먹는다고 어디 끝날 일인가요? 에헤이! 그동안 먹을 만큼 마음먹어봐서 알잖습니까. 촘촘한 개고생 스케줄과 캄캄한 비전이 곳곳에 도사리고 있는 차가운 도시 속에서 무방비 상태 마녀로 산다는 건 꽤나 처연하고 신랄한 일 그 자체죠. 즉 마녀로 살아간다는 건 마녀다움을 끌올 할수있는 나만의 관리법이 반드시 있어야 한다는 이야기되겠습니다. 그래서 딱 준비했습니다.

마녀다운 마음 관리 맘스테틱 + 그 마음을 실현하게 해줄 몸 관

리 몸스테틱 = 뫔스테틱

거울 속의 단 한 사람을 위한 마녀 전용 에스테틱 '맘스테틱'

만렙 마녀가 되어가는 여정 가운데 알아두면 달라지는 몸과 맘의 에스테틱을 소개해드려 볼까 합니다. 에스테틱 좀 다녀 본 마녀님들은 아시죠? 관리의 키포인트는 사골국 약한 불로 오래 끓여내듯 은근하게 꾸준한 관리를 해주는 거죠. 제아무리 우주 최고 에스테틱일지라도 '미리미리', '매일매일'보다 효과적인 방법은 없을 테니까요. 고된 일상을 버티고 버텨 맘과 몸이 지쳐 마녀를 때려치우고 일반인으로 돌아가겠다고 마음먹기 전에 우리는 미리미리 뫔스테틱 해보자고요. 자! 마녀 전용 에스테틱, 알면 달라지는 맘스테틱, 마녀님들과 기분 좋게 시작해볼까요?

마녀님들 취업을 해야 한다면 나를 알리기 위해 공들여 작성해야 하는 자기소개서, 일명 자 · 소 · 서가 필요하듯이 마음먹은 대로 사는 마녀로 데뷔하기 위해 꼼꼼하게 작성해야 하는 기밀서류가 한 장 있답니다. 이름하여 나에게 쓰는 나의 마음 소개서, 우리끼리 '마 · 소 · 서'라고 불러보죠. 마녀로 살려면 일단 마음을 알아야죠. 누구 마음이요? 누구겠습니까! 내 마음이죠! 기밀 서류라고 이야기 했듯이 이 마 · 소 · 서는 나만 보는 거니까 거침없이 솔직하게 작성

할수록 잘 쓰는 거예요. 묻고 물어, 내 마음의 뿌리를 찾아보면 알게 되고 달라지게 됩니다.

[나에게 쓰는 마음 소개서]

-요즘 내 마음은 어떤가요?

-요즘 먹고 싶은 마음은 어떤 마음인가요?

주의

1. 꼭 글로 쓸 것! 머릿속으로 생각만 하거나 말로만 하면 효과 없음!
2. 마·소·서를 주기적으로 쓸 것! 내 마음의 흐름을 보기 위해!

간단 심오한 두 가지의 애피타이저 질문만 드린 이유는 스스로의 마음에 묻고 물으며 곧 메인디쉬 질문을 찾아가게 되는 자연스러운 과정이 연이어 펼쳐질 것을 알기 때문입니다. 내 마음에게 물음이 늘어난다는 건 맘스테틱에 가장 좋은 관리법이니까요. 먼저 물음표를 던져야 내 마음이 마침표든 느낌표든 찾아낼 게 아닙니까. 혹시 가장 의미 없고 효과 없는 맘스테틱이 뭔 줄 아세요? 바로 먹고 싶은 마음이 아닌 먹어두면 좋은 맘에 기웃거리며 남들이 만들어 낸 마침표와 물음표를 갖기 위해 마음을 쓰는 거예요. 자, 꼭 스스로에게 적용해볼 마음 관리 기준입니다.

'먹고 싶은 마음 vs 먹어두면 좋은 마음' 나는 어떤 마음을 먹고 있는가!

내가 이루고 싶은 것이 진짜 내 마음에서 우려낸 것이 맞나요? 세상이 말하는 성공이나 비교하는 마음이 만들어 낸, 더운 여름 속 아이스크림처럼 후루룩 녹아내릴 가짜 마음이 아닌지 마 · 소 · 서를 통해 반드시 솔직함의 렌즈로 더 깊숙한 마음을 들여다볼 일입니다. 마녀로 산다는 건 그럴듯해 보이는 것에 속지 않고 내 마음에 솔직해지겠다는 찐한 맹세니까요. 나에게 쓰는 마 · 소 · 서를 통해 얻어낸 진짜 마음을 남겨두고 마음 왁싱으로 가짜 마음을 쏙쏙 뽑아내 보자고요. 중요한 맘스테틱의 첫 번째 관리가 바로 '진짜 마음만 남겨놓기'니까요.

그러므로 주기적인 마음 왁싱이 반드시 필요합니다. 왁싱이라는 게 그런 거잖아요. 무조건 털을 다 뽑아내는 게 아니고 원하는 모양으로 남기는 거죠. 마찬가지로 내 마음이 진짜로 원하는 것만 남겨내고 언저리에 있는 마음들은 설령 그럴듯해 보여도 뽑아내는 겁니다. 내 마음만 들여다보고 그 마음을 따라 살아간다는 게 사실 불안할 때가 있긴 합니다. 사실 그렇게 솔직하게 살아본 적이 없어서 더 내 마음의 소리에도 이게 맞는 건가 싶기도 하고 낯설기까지 하다니까요. 끄덕끄덕.

근데 잘 생각해보세요. 남들에게 인정받을 만한 먹어두면 좋은 마음만 열심히 먹게 되면 진짜 먹고 싶었던 내 마음은 배가 불러 먹을 수 없게 될 텐데 그것만큼 세상 눈감을 때 억울한 일이 또 어디 있겠습니까. 그렇죠? 세상에 후회 없는 삶은 없다지만 그렇다면 이왕이면 내 마음대로 하고 후회하는 게 고퀄후회죠.

아 참, 왁싱 해보셔서 아시죠? 아무리 용한 왁싱이어도 순간 따끔해요. 가짜 마음을 뽑아버릴 때도 그간 해온 노력과 시간이 묻어 있다면 마음이 따끔따끔하실 거란 말입니다. 그 정도는 마녀로 예뻐지는 값으로 지불해야겠죠? 자 어서 마음 왁싱 고고!

마음낭비

자! 마음 왁싱으로 꺼끌꺼끌한 가짜 마음을 쏙쏙 뽑아내서 개운하신가요? 얘네들이 새싹처럼 계속 올라오니까 방심하면 또 무성해진다는 거 잊지 마세요. 마음 왁싱 깔끔하게 하셨으니 이제 흥청망청 마음 낭비 좀 해보겠습니다. 아주 물 쓰듯이 그냥 마음 막 쓸 거니까 확실하게 준비하세요.

낭비라는 단어가 제법 비호감으로 들릴 테지만 마녀다운 마녀로 살아가려면 마음을 아낌없이 쏟아 내야 합니다. 마음 왁싱을 통해 가려낸 진짜 마음에 물 쓰듯이 마음 낭비를 해야 한다는 이야기죠. 예부터 전해오는 과유불급 운운하며 넘쳐서 좋을 거 없다는 생각에 또 '알맞게','적당히'를 소곤거리고 있다면 일단 넘쳐보시고 다시 말씀하시죠. 내가 원하는 진짜 마음에 있어서는 과유불급을 방패 삼아 마음을 사릴 것이 아니라 다다익선을 수도꼭지 삼아 물 쓰듯 콸콸하게 마음을 써야 한다는 이야기입니다. 세상에나 아낄 게 따로 있지요. 그죠?

'마녀님들은 최근에 마음 흥청망청 써본 적이 언제입니까?'

혹시 지구를 지킨다거나 나라를 구하는 슈퍼 영웅적 마음 스케일이나 적어도 간절한 내 꿈을 위한 마음 정도는 되어야 기꺼이 마음을 흥청망청 물 쓰듯 낭비할 수 있는 거 아닌가 하는 생각이 조금이라도 드셨다면 그거 냉큼 저 주시고 지금 알려드리는 '마음 포인트' 체크해 보시죠.

마녀답다는 것은 큰 뜻과 꿈을 위해 나아가는 마녀로서의 의미가 주는 포괄적인 행복은 물론 일상에서 내 마음이 행복해하는 순간과 찰나를 증폭시키는 곳에 마음을 제대로 쓸 줄 아는 것이라고 확신합니다. 그러니까 마녀다운 마녀란 스스로 행복해하는 순간을 알고 그 순간과 찰나를 늘려가는 탁월한 마녀력이 있다는 거죠. 자, 그렇다면 일상에서의 나의 마음 포인트를 매겨볼까요?

[마음 포인트 체크]

아침에 일어나서 저녁에 잠들 때까지 있었던 일들을 쭈욱 나열해보세요. 그리고 1~5까지 행복감이나 만족감에 따라 마음 포인트를 매겨보는 거죠. 예를 들어 이렇게 말이죠.

모닝커피 3.5 : 커피가 있어 굿모닝. 커피는 나의 힘

아이들 학교 보내기 2.5 : 준비물 다 챙겨 보냈음

출근길 3 : 서둘러 준비하고 나왔더니 여유로운 마음

점심 3.5 : 맛있는 메뉴를 선택으로 입이 즐거움

업무 2 : 밀린 업무가 있었음

퇴근 후 저녁 약속 4.5 : 좋아하는 사람들과 만남

반신욕 4 : 피로가 날아가는 기분

자기 전 독서 5 : 관심 분야의 책이라 신남

이렇게 하루 일과에 마음 포인트를 매기고 모두 더해서 항목 수로 나눠 평균 포인트를 구해보는 거죠. 5포인트에 가까운 날들이 이어지고 있다면 마녀답게 일상의 행복을 잘 찾아 누리고 있는 거랍니다. 만약 1포인트 2포인트가 계속되고 있는 항목이 있다면 되도록 줄여가는 노력을 해야 합니다.

너무 하기 싫은 운동을 하면서 1포인트를 계속 주고 있다면 다른 운동 방법을 찾는 게 좋고 기운 빠지게 하는 친구와의 만남으로 1.5포인트가 반복된다면 당분간만이라도 만남을 자제하는 게 낫습니다. 나를 위해 내 마음이 싫어하는 항목을 줄여가는 마음 관리가 필요하다는 이야기죠. 내가 줄여줘야 해요 나를 위해!

여기서 진짜 중요한 맘스테틱 두 번째 관리법은 '행복감을 느끼는 항목에 물 쓰듯 마음을 쓰는 것이랍니다.' 반신욕에 마음 포인트 4를 주었다면 기꺼이 5가 될 수 있는 반신욕을 어떻게 더 행복하게 해야 할까에 마음을 쓰고 5포인트를 준 독서 시간을 계속해서 만들어 주는 것에 다다익선을 수도꼭지 삼아 콸콸하게 마음 낭비를 해줘야 한다는 거죠. 자 이쯤 하면 마음 낭비가 어떤 의미인지 감이 오시죠? 일상 중에서부터 내 마음이 싫어하는 것을 줄여가고 내 마음이 좋아하는 것을 늘려가는 것! 단순하고 당연한 마음 관리 같지만, 우리가 놓치고 있는 것들일 수 있습니다.

미래에 살고 있는 나에게 건네줄 행복을 위해 큰 그림을 그리며 나아가는 것과 함께 일상에 널려있는 순간의 행복을 증폭시키기 위해 아낌없이 마음 낭비를 해보자고요. 바로 오늘부터 말이죠. 미룰 게 따로 있죠. 씨익.

마음투자법

마녀님들 마음 투자 좀 하고 계신가요? 일반인보다도 마음먹은 대로 사는 마녀라면 누구보다 우리가 마음에 진심이잖습니까. 그렇다면 만렙의 마녀가 되기 위해서는 마음을 먹고 마음을 지키는 것을 넘어 과감한 마음 투자가 필요하겠죠. 투자라는 단어 탓인지 뭔가 자본이 필요할 거 같기도 하고 투자에 따른 리스크도 존재할 듯하지만 마음 투자의 자본은 오롯이 '마음'이며 리스크는 아직까지 코빼기도 찾아내지 못했으니 걱정은 가뿐하게 내려놓으셔도 좋아요.

생각해보면, 투자는 이익을 얻기 위해서 하는 거잖아요? 그렇다면 마음투자를 하면 어떤 이익을 얻는 걸까요? 짜란~ 마음투자로 얻을 수 있는 건 바로 마음을 지탱할 수 있는 '코어마음' 입니다. 점점 내가 원하는 마음의 중심영역이 단단해지고 넓어진다는 거죠. 그러니까 내 마음으로 마녀다운 마음을 또 버는 거예요. 자 그렇다면 마음투자 어디에 어떻게 해야 하는지 뜸 들이는 시간 따위는 시원하게 생략하고 확 이해되도록 한눈에 보여드리죠

[마음 투자는 2영역]

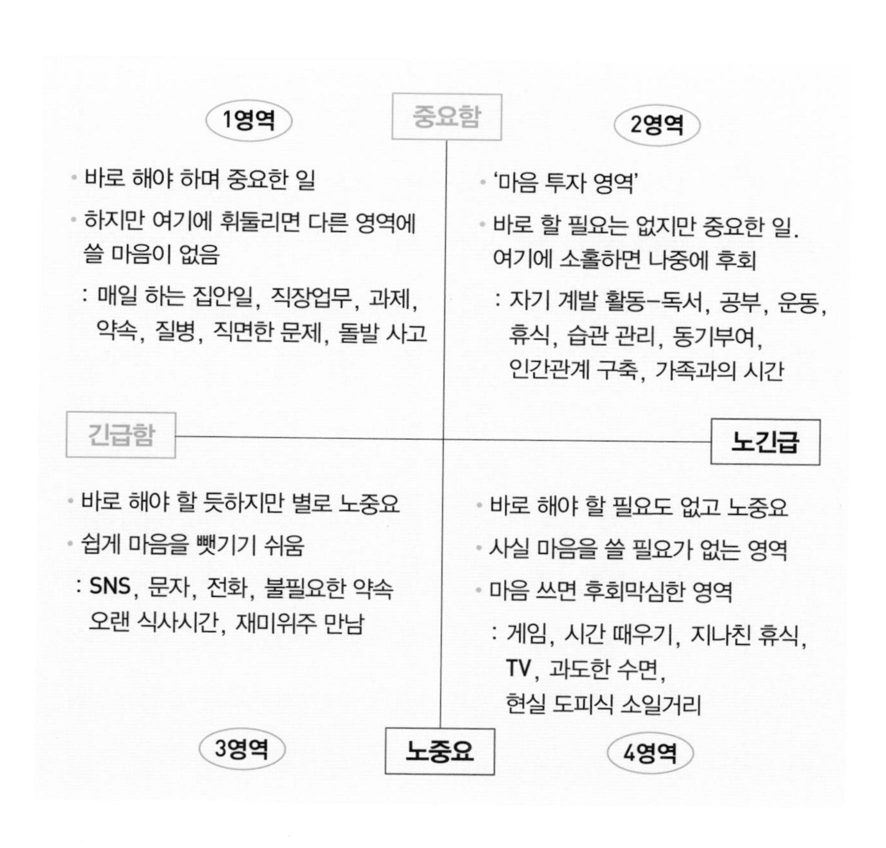

어? 이거 어디서 많이 본 건데? 라는 표정을 지으셨다면 그거 맞습니다. 스티븐 코비 아저씨가 말하는 '긴급도와 중요도 매트릭스' 우리 마녀님들의 마음 투자영역을 설명하기에 딱 이죠.

1영역은 긴급하고 중요한 일이니까 우선순위에서 항상 최우선으로 마음을 쓰죠. 어쩔 수 없어요. 근데 내 마음을 온통 1영역에만 써야 하는 상황이라면 환경정리가 좀 필요하지 않을까요?

급한 일만 처리하느라 내 마음이 진짜로 원하는 이야기를 들을 수가 없을 테니까요. 마녀로 살기엔 너무 숨찬 영역이에요. 3영역은 중요도는 낮지만 긴급하게 처리해야 하는 일들이다 보니 또 마음을 먼저 쓰게 됩니다. 아무래도 긴급도가 높은 일에 우리는 마음과 시간을 먼저 쓸 수밖에 없으니까요.

시간에 쫓기는 1영역과 3영역에 지쳐버리면 내가 진짜로 원하는 곳에 마음도 시간도 쓸 에너지가 생기지 않아요. 조절이 필요합니다. 어렵지만 말이죠. 1영역, 3영역에 찌들게 되면 무기력해지고 4영역으로 넘어가 밤새 게임을 한다거나 넷플릭스를 본다거나 현실도피에 마음을 쓰게 되는 일이 벌어집니다. 의도적으로 스트레스를 풀기 위해 4영역을 영리하게 부분적으로 활용할 수 있다면 좋겠지만 1, 3영역에 휘둘리다 급하게 소환되는 4영역은 절대 마음 투자 금지구역입니다. 절대로요!

자, 그렇다면 우리가 마음 투자를 해야 할 2영역은 어떤가 볼까요? 긴급하지도 않고 중요하지도 않기 때문에 사실 우선순위에서 항상 밀려나기에 십상인 영역이죠. 하지만 2영역에서 비로소 나의 가치관, 꿈을 찾아 계획하고 펼치고 경험하며 성장하는 마녀의 재료가 가득한 곳이 바로 이곳이랍니다. 긴급도가 낮아서 당장 필요는 못 느끼겠지만 더더욱 마녀로 살겠다는 마음이라면 차근하게 마음 투자를 해야 한다는 게 투자 포인트 되겠습니다. 어쩌면 그래서 2영역을 어떻게 관리하느냐에 따라 마녀로 살게 될 운명과 일반인으로 살게 될 운명의 윤곽이 또렷하게 그려지는 거죠? 끄덕끄덕

마녀님들! 다시 정리해서 말씀드리면, 꾸준히 2영역에 마음 투자의 방향을 두고 당장의 투자이익에 연연하기보다는 '긴급하지는 않지만 중요한 일'의 영역에 진심으로 진득하게 장기투자를 해야 한다는 결론입니다.

정말 좋은 투자정보를 드렸으니 망설일 틈 없이 2영역 투자 고고해 보자고요! 마음과 시간을 사용할 뿐 돈은 한 푼도 들지 않으니 그것도 참 맘에 들잖아요. 씨익.

피드백 NO.51

마녀로 산다는 건 어쩌면 조금 더 피곤한 일일 수 있어요. 마음이 들려주는 목소리를 따라 나의 길을 엣지있게 걸어간다는 건 예쁜 돌멩이와 웅덩이를 만날 때마다 멈추어 서거나 휘둘리지 않을 용기와 깊은 지혜를 품는 것이니까요. 마녀란 빡세게 공부해서 자격증으로 증명하는 게 아니죠. 마음먹은 대로 살아가기 위해 질문하고 솔직한 해답을 찾아가는 과정 중에 셀프 피드백하며 얻어진 지혜의 압축파일이 있어야 마녀다운 마녀 아니겠습니까. 그래서 말입니다. 마녀다운 지혜의 압축파일을 만드는 '피드백 넘버. 51' 딱 준비했죠. 마음 피드백 이렇게만 하세요!

'마음 피드백 – 긍정적 피드백 5 : 부정적 피드백 1'

샤넬 NO.5 처럼 '피드백 NO.51' 기억하면 좋을 거 같아요. 마녀로 배우고 성장하려면 셀프 피드백을 적극 수용해야 합니다. 긍정이든 부정이든 받아들여야 효과가 있겠죠? 자! 피드백에도 순서가 있거든요, 긍정 피드백을 먼저 5만큼 그리고 부정 피드백은 나중에

1만큼 하는 거예요. 하루를 돌아보는 시간에 따른 피드백도 좋고 목표를 향한 과정에 대한 피드백도 좋고 한 에피소드를 돌아보는 피드백도 모두 피드백 NO.51을 적용하는 거죠.

피드백의 순서가 중요해요. 항상 긍정적인 피드백을 5만큼 먼저 잘 찾아주세요. 순서가 바뀌면 다른 역효과가 나타난다는 것 잊지 마시고요. 제가 지어낸 순서와 비율이 아니고 『타인의 힘 – 한계를 뛰어넘은 사람들의 비밀』을 쓴 헨리 클라우드 아저씨가 그러는데 긍정적인 피드백과 부정적인 피드백이 순서대로 5:1일 때 우리의 뇌가 가장 잘 반응한다고 하더라고요.

또 재미난 것은 무조건 긍정피드백만 좋은 것이 아니라 우리의 뇌는 부정적인 피드백도 꼭 필요로 한다는 것이죠. 즉 긍정과 부정, 둘을 어떻게 사용하는지 마음 피드백의 비율과 순서가 중요하다는 이야기입니다.

새롭게 마음먹은 목표나 도전이 있다면 긍정피드백을 먼저 아낌없이 스스로에게 찾아주어야 하죠. 긍정피드백은 목표에 대한 마음을 집중하게 하며 계속된 동기를 만들어내기 때문입니다. 초반부터 독설 가득한 팩트 오남용의 피드백을 우리 뇌가 먼저 듣게 된다면 어떻겠어요? 새롭게 먹은 마음을 얼마 버티지 못하고 이내 뱉어내고 말겠죠. 신기하게도 스스로에게 긍정적인 피드백을 건네는 것은 의외로 어색해하거나 어려워하지만, 부정적인 피드백은 따로 배운 적이 없어도 모두 잘하더라는 거죠.

"이까짓 거 해서 무슨 변화가 있겠어?", "남들은 나보다 더 빠르게 성장하던걸?"

스스로에게 이런 뉘앙스의 피드백을 주고 있다면 당장 마녀의 조건 프롤로그로 책장을 다시 넘겨보시길 반협박 적으로 권해드립니다.

남들과 비교가 시작되고 있다면 스스로의 마음 트랙에서 이탈할 확률이 매우 높습니다. 즉 마구잡이 부정적인 피드백 남발은 마녀로서의 삶을 포기하고 빠르게 일반인으로 돌아가는 KTX라는 거죠. 긍정 피드백이야말로 내 마음을 더 적극적인 적극 마녀답게 만든다는 거 잊지 마세요.

그렇다면 부정적인 피드백은 언제 사용해야 하는가? 새로운 목표나 도전을 위해 매일 반복하는 루틴이 주는 지루함이나 익숙함 속의 피로함이 있다면 톡톡 쏘는 탄산수 같은 부정적인 피드백 한 마디가 필요할 때죠. "정신 차려! 아직 안 끝났어!", "다 된 밥솥에 전기 코드 뽑을 거야?"와 같은 톡 쏘는 피드백은 유익한 긴장감과 동기에 다시 쫄깃한 자극이 될 테니까요.

마음 피드백을 한다는 것은 잘잘못을 따지는 단순한 평가나 판단이 아니라 마녀가 되기 위한 발전과 개선을 위해 계속 나아가겠다는 마음의 자세랍니다. 그러니까 피드백을 하겠다는 마음 자체만으로도 이미 기특한 거긴 합니다. 나와 내가 주고받는 피드백이 익숙지 않아서 감정만 담겨 비난이나 비판으로 흐른다거나 무턱대고 칭찬하는 표현만 가득할 수도 있겠지만 처음부터 완벽한 피드백을 하겠다는 꼬꼬마 같은 마음부터 내려놓는 게 필요합니다. 마음 피드백도 연습이 필요하니까요!

스스로 잘했다고 생각하는 부분의 피드백은 더 구체적으로 세분화해서 적어봅니다. 나를 대표할 노하우가 발견될 확률이 다분하거든요. 바뀌었으면 하는 피드백들도 잘 모았다가 쫙 나열해보세요. 그간 지나친 진짜 내가 바라는 마음의 방향을 찾게 될 수 있으니까요. 이렇든 저렇든 잘했든 못했든 좋든 나쁘든 재미있든 재미없든 '피드백 NO.51' 자꾸자꾸 연습만이 우리를 더욱 마녀답게 하는 마녀의 맘스테틱이라는 것 잊지 말자고요. 꼭이요.

그래도 효과가 있을까 의심이 스멀스멀 고개를 빼꼼 거리는 마녀님들을 위해 호언장담하나 하겠습니다. 처음엔 피드백 자체가 감정적이고 서정투성이인 일기나 코멘트처럼 보이겠지만 걱정하지 말고 마녀님 자신을 믿으세요. 반복이라는 시스템을 가동하고 있다면 가까운 미래에 자신만의 요령이 담긴 마음 피드백을 만나게 된다는 것에 제가 가진 피드백 노트를 걸고 장담하겠습니다. 하하.

마음 울타리

"이쯤 해서 우리 마음 울타리부터 깔끔하게 리모델링하고 가볼까요?"

마녀님들 마음에는 모두 울타리가 하나씩 있어요. 나의 직관적인 육감과 그동안의 경험으로 만들어진 마음의 구분선 같은 거죠. 이 울타리를 경계로 나의 인간관계는 울타리 안의 사람과 울타리 밖의 사람으로 크게 나누어 볼 수 있답니다. 이 울타리 안과 밖의 사람들은 내 마음판단에 따라 많아지기도 하고 때론 적어지기도 하죠. 또 들락날락하는 사람들도 있고 말이죠. 이 울타리를 좀 깔끔하게 리모델링 해보자는 이야기입니다.

지금 나의 울타리가 더할 나위 없이 유쾌하게 운영되고 있는 마녀님이라면 뭐 굳이 리모델링은 필요 없을 테지만 인간관계가 좀 버겁고 피곤하거나 더러 서운하고 외롭다면 마음 울타리를 리모델링할 좋은 때인 거죠.

일단 마녀님들의 마음 울타리에는 몇 명의 사람들이 지내고 있나 쭈욱 살펴보세요. 내 사람이라고 생각하는 사람이 얼마나 되나요? 마음 울타리가 아주 널찍해서 모두와 재미나게 지낸다면 다행입니다. 그런데요. 널찍한 운영하느라 마음이 피곤하고 버겁다면 그 울타리 계속 유쾌하고 건강하게 운영될 수 있을까요? 내 사람이 많아야 좋은 거라 생각하고 이 사람 저 사람 다 울타리 안으로 끼겨 넣으려고 하는 건 아니겠죠? 혹시나 해서 말입니다.

또는 내 울타리엔 내가 확실하게 믿는 소수정예의 사람으로만 일심동체 버전으로 지내다 보니 내 울타리에 함께 하고 싶은 또 다른 사람들을 밀쳐내고 있는 건 아니겠죠? 설마 해서 그럽니다만 특정 사람에 대한 트라우마가 생긴 탓에 그 비슷한 유형의 사람만 봐도 울타리에 강철 철벽을 치고 사납게 이빨을 드러내는 건 아니겠죠? 네! 저의 괜한 걱정일 테죠. 그러길 바라봅니다.

앞서 나열한 울타리 '아니겠죠? 시리즈'의 주인은 부끄럽게도 바로 저랍니다. 이 울타리 저 울타리 안 지어본 울타리가 없는 거 같아요. 울타리 건축시공 전문마녀라고 불러도 뭐 부족함이 없을 정도죠. 휴

첫 번째 울타리는 초대형 울타리로 그랜드 오픈! 사람을 워낙 좋아하고 활달한 성격인 탓에 세상 모든 사람을 내 울타리에 담고 살겠다는 초대형 울타리 경영마인드로 운영했죠. 내가 좋아하는 사

람, 내가 좋다는 사람, 그냥 주변에 있는 사람, 좀 소외된 사람들까지. 모두다! 그러다 보니 어디까지가 내 울타리인지 경계조차도 헤아릴 수 없는 지경이 되더라고요. 사람들에 치여 살다 보니 나는 점점 희미해져 가고 다 내 사람이라고 생각하니 가야 할 곳도 많고 챙겨야 할 것도 많고 결국 내가 만든 초대형 울타리에 깔려 함몰되고 말았죠. 첫 번째 울타리 그랜드 폭망입니다. 에고고.

두 번째 울타리는 소수정예 프리미엄 멤버십 울타리로 끈끈 단란하게 오픈! 마음 맞고 코드 맞는 사람들과 지내니 이제야 마음에 안정을 찾고 인간관계의 깊이란 이런 맛이 구나에 감탄사를 남발하며 우리끼리의 영원을 약속하던 무렵 반갑지 않은 균열이 생기기 시작했어요. 모공까지 코털까지 들여다보이는 초근접 거리로 지내다 보니 서로의 심경의 변화가 너무 잘 읽혀서 피곤하더라고요.

또 서로를 향한 기대치가 울타리 밖 사람들보다 월등하게 높다 보니 이래저래 내 맘 같지 않아 서운한 일들이 꼬박꼬박 생기더란 말이죠. 게다가 소수정예 안에서도 갈래가 생겨나더라고요. 초근접 거리로 이미 가까워진 상태에서의 늦은 거리조절은 오해로 이어지고 빈번한 상처들로 인해 두 번째 울타리도 너덜너덜한 붕괴를 맞이했죠. 흑흑.

신중에 신중을 더해 두 번째 울타리 때 입은 내상을 고려하며 3번째 울타리는 전투형 울타리로 오픈! 소수정예 멤버들과 비슷한 느낌이 나는 사람들이 포착되면 거침없이 이빨을 드러내고 으르렁거리며 공격하는 탓에 제 울타리엔 사람 씨가 말랐답니다.

최고의 방어는 공격이라는 슬로건에 힘입어 전투형 울타리를 운영한 탓에 군대는 비록 안 갔다 왔지만 나름 전투전문가가 되었죠. 그러다 덜컥 이 전투는 언제 끝나며 무엇을 얻기 위함인가라는 쓰디쓴 물음과 함께 밀려오는 공허함에 세 번째 울타리도 이내 망가져 버렸답니다. 눈물 흩날리는 울타리 3단 폭망 콤보 시리즈죠. 픕.

다 털어놨으니 하는 말이지만 사실 인간관계로 고민과 노력을 안 한다면 사람이 아닐 확률이 높은 거 아닙니까. 나이가 든다고 인간관계가 쉬워지는 게 아니란 건 저만 그런 거 아닌 거죠? 누구나 품는 고민이고 사람들과 잘 지내보고자 하는 고민인 만큼 사실은 귀하고 귀한 고민인 건 맞잖아요. 특별한 노하우가 담긴 옵션은 안타깝게도 아직 발견하지 못해 말씀드릴 수 없지만 여러 울타리 시공을 도전하고 얻은 울타리 기본값에 대해 살짝 공유 드려볼까 합니다.

'마음 울타리 기본값 설정하기'

1. 울타리의 중심엔 반드시 내가 있어야 합니다. 기본값은 '나'로 충분합니다.
2. 울타리로 안과 밖을 구분하지만 작은 자동출입문을 만들어 놓습니다.
3. 자동문을 통해 사람들이 자유롭게 왔다 갔다 할 수 있도록 합니다만 지정석은 없습니다.
4. 지금 곁에 있는 사람에게 마음을 다해 충실합니다.
5. 오랜 인간관계만이 좋은 인간관계라는 고정관념에서 벗어납니다.

1번 항목이 가장 중요하죠! 누군가와 꼭 같이 있어야 마음 울타리의 의미가 있는 건 아니거든요. 마음 울타리의 기본값은 바로 '나'입니다. 혼자서도 잘 지낼 수 있는 울타리를 운영하는 게 좋아요.

혼자 있는 순간이 불안하고 두려워 누군가를 울타리 안으로 들이려 한다면 그 대상이 누구든 의존하게 되고 집착하게 되는 경향이 생길 수 있으니까요. 그러니 자동문을 통해 사람들이 내 곁에 편히 머물 수 있도록 하면서 지금 곁에 있는 사람에게 충실하는 것이 가장 좋더라고요. 울타리 안에 머무는 사람과의 간격도 느슨하게 만들어 둡니다. 모공까지 코털까지 들여다보일 만큼 달라붙어 있으면 잦은 접촉사고로 결국 관계수명이 부쩍 줄어들게 되더란 말이죠.

어디 친구들과만 그럴까요. 친구는 물론 부부간에도 부모, 자녀간에도 반드시 느슨한 간격은 필수입니다. 잘 생각해보세요. 오히려 울타리 밖의 사람들과는 트러블이 없는 이유는 적당히 느슨해서라니까요. 울타리 안에도 사랑의 느슨함을 도입해보자고요!

어떤 울타리가 세상에서 가장 좋은 울타리일까요? 결국, 울타리 주인이 잘 지낼 수 있는 울타리가 세상에서 제일 좋은 울타리죠. 나의 울타리는 내가 건강하게 만들 것! 마음 울타리 기본값부터 다시 설정해 보고 옵션도 차근차근 장착해보자고요. 씨익!

마음 놀이터

"마녀님들 요즘 뭐 하고 놀아요?"

"뭐 하고 놀 때 제일 도파민 뿜뿜하고 세로토닌 철철 하나요?"

가지런한 치아 12개 활짝 드러내며 재밌게 놀아 본적이 언제인지 잠깐 생각해볼까요? 언제였더라…. 자고로 만렙인 마녀들은 다 '놀 줄 아는 마녀' 랍니다. 누가 뭐래도 노는 게 남는 거라니까요. 혹시 '놀다'라는 동사가 뭔가 모르게 마음에 불편함을 가져오는 거 같다면 삶에 치이고 있다는 시그널이라고 생각해볼 수 있어요. 사실 그럴수록 더 야무지게 놀아야 해요. 삶이 쥐여준 무게에 눌려 노는 방법마저 잃어버리고 나면 나중엔 시간이 있어도 놀지 못한다니까요. 잘 생각해보세요. 시간은 왜 벌고 돈은 왜 버는 걸까요? 시간 벌고 돈 벌고 나면 뭐 할 거예요? 결국엔 내가 하고 싶은 거하며 잘 놀고 싶은 거 아닐까요? 끄덕끄덕.

어렸을 적에는 놀이터에서 노는 게 우리의 일이었죠. 친구들과 온갖 놀이가 다 벌어지는 바로 그곳이 놀이터였잖아요. 따로 약속이 없어도 놀고 싶으면 놀이터로 모였고 잘 모르는 친구들과도 뛰어놀다 보면 금세 가까워졌죠. 친구들이 없는 날에도 그럴듯한 장난감이 없어도 돌멩이만 가지고도 어찌나 잘 놀았는지 말이에요.

해가 지도록 밥도 안 먹고 동네 구석구석에서 놀다가 엄마에게 잡혀 집에 와서도 또 뭐 하고 놀면 재미있을 것이냐에 가진 뇌력을 다 썼으니까요. 따로 배운 적이 없는데 우리는 어떻게 그렇게 열심히 놀 수 있었을까요! 아마 그땐 즐겁고 행복해지는 것이 삶의 최우선이었기 때문 아닐까요? 나를 즐겁게 하는 놀이를 찾으며 나에 대한 이해를 키워나갔을 것이고 친구들과 함께 놀이를 통해 공감, 소통을 몸으로 흡수했을 테죠. 그렇게 놀이를 통해 우리는 세상을 알아가는 재미를 알게 모르게 추구했다는 겁니다. 그래서 사실 놀이를 통한 배움이 최고 중의 최고인 게죠.

이렇게 놀며 배우는 매우 유익하며 유쾌하기까지 한 삶의 방식을 우리는 언제 잃어버린 걸까요? 소위 말하는 철이 들면서, 하고 싶은 일보다는 해내야 하는 일들 쪽으로 부등호의 입을 벌린 탓일지도 모릅니다. 사회가 원하는 규격대로 결괏값을 구하다 보니 어렸을 적 나를 이해하고 세상을 배우던 나의 놀이방법을 나도 모르게 놓아버린 거죠. 그러니까 말입니다.

이제 내 인생은 내가 마음먹은 대로 살아보겠노라 마녀를 선언

했다면 나만의 놀이방법을 다시 찾아와야 하는 건 당연한 일 아니겠습니까! 뭐 어디 분실물 센터 같은 곳에 가서 찾을 필요 있나요? 잠자고 있는 나의 도파민을 뿜뿜하게 만들고 세로토닌을 철철 넘치게 할 나만의 놀이를 다시 내 안에서 떠올리면 되죠. 사라진 게 아니고 조용해진 나이 놀이터의 볼륨을 다시 올려보자는 이야기입니다.

마음 놀이터 다시 찾기

눈을 감고 1~10까지 세면서 잡념의 스위치를 꺼봅니다.
자, 아무것도 안 해도 되는 100% 자유로운 72시간이 내게 지금 바로 주어졌다고 생각해봅니다. 돈을 벌지 않아도 되고 집안일을 하지 않아도 되며 아이들을 생각하지 않아도 된다면 내가 가장 해보고 싶은 일은 뭘까요?

내 이름 앞에 붙은 역할이고 직함이고 책임 나부랭이 같은 수식어 다 떼고 내 이름으로만 살 수 있도록 현실에서 해방된 '프리덤 72시간' 리스트를 작성해봅니다. 단전 깊숙하게 묻어 두었던 것 힘껏 끌어올려 보세요!

자, 여기 적혀진 것! 이 리스트에 있는 거 하면서 다시 놀아보기 시작하면 어떨까요? 노는 시간을 많이 써야 할 필요 없어요. 그냥 난 이렇게 놀고 싶다고 잠깐 떠올려 보는 것만으로도 이미 나의 뇌가 어떻게 하면 이렇게 놀 수 있을까를 찾기 시작했으니까요. 나를 위한 놀이터를 의식적으로 떠올리는 것만으로도 냐금냐금 변화가 생겨난다니까요. 믿으셔도 좋아요! 거창하고 요란한 놀이가 아니어도 된다고요. 진짜 계속하고 싶은 거 떠올려 보세요.

유윤주 놀이법 뭔지 궁금하다고요? 그럼 어디 저의 '프리덤 72' 리스트 하나만 소개해 볼까요? 요즘 자주 하는 놀이법인데요. 날씨 좋은 날 오후 12~4시 사이 치킨 한 마리랑 시원한 아메리카노 들고 올림픽공원 구석에 가서 자리 깔고 좋아하는 책 펴놓고 2시간쯤 있다가 오는 거예요. 저는 평일 오후 3시를 가장 좋아하더라고요. 퓹!

MBTI 타입으로 보면 누가 봐도 대문자 EEE인 제가 진짜로 좋아하는 놀이가 혼자서 '치 · 아 · 독' 이더라니까요. 사람을 만나서 에너지를 얻는 유형이라는 분류 탓에 나 자신에게도 프레임을 씌우고 있었던 부분이 없지 않더란 말이죠. 혼자서 치킨 다리 두 개 다 먹고 시원한 아아 먹으면서 책을 꼭 읽지 않아도 좋아하는 작가의 책을 얼굴에 덮어 놓고 공원에 누워 햇빛 샤워하는 거 얼마나 좋게요. 아, 생각만 했는데도 입꼬리가 지금 10시 10분이 되네요. 이렇게 온전히 내가 좋아하는 것에만 집중하며 나를 또 알아가는 거죠. 의외로 혼자 노는 시간이 필요한 내 모습의 조각도 잘 찾아낸 거예요.

여기서 중요한 포인트는 이래도 좋고 저래도 좋고 한 목록을 '가지치기' 하는 거랍니다. '영화 보면 좋지, 여행 가면 좋지, 그림 보면 좋지!' 같은 해도 좋고 아니면 말고 정도의 반응은 과감히 버리세요. 작고 소소해도 좋으니 '난 그거 하고 있으면 시간 가는 줄 모르겠더라!'를 찾는 겁니다. 진짜 재미있는 놀이를 할 땐 시간이 왜곡되기 마련이니까요.

나의 '프리덤 72'리스트에 있는 것들은 더 이상 미루지 말고 해나가는 거예요. 고기도 먹어본 사람이 먹는다고, 놀아 본 사람이 계속 잘 노는 법이라니까요. 그래서 마음 놀이터가 내가 원하는 놀이로 가득했으면 좋겠어요. 현실에서 도피하는 곳이 아닌 고된 현실을 잘 걸어 나갈 수 있도록 놀이로 마음을 채우고 나와 타인과 세상을 배우는 마녀의 도구로 사용되길 그래서 우리가 좀 더 도파민의 맛을 세로토닌의 맛을 일상에서 자주 맛보길 바라봅니다. 저는 오늘도 짬을 내서 올림픽공원에 치킨과 아이들과 놀러 갈 거예요. 혹시 저를 구석에서 발견하더라고 그냥 지나쳐주세요.

자, 마녀의 마음 관리 맘스테틱 정리 한 번 할까요? 맘스테틱 6

종 쭉 기억나시죠?

마음 관리 예쁘고 튼튼하게 조금씩 매일매일!

1. 마음 왁싱
2. 마음 낭비
3. 마음 투자법
4. 피드백 NO.51
5. 마음 울타리
6. 마음 놀이터

6종 세트 한 번에 다 하려고 말고 제일 마음이 쏟아지는 것부터 바로 시작해보자고요. 빙긋.

02

몸스테틱

아무것도 하지마, 클린 타임

그러니까요, 마녀라고 마음만 돌보는 맘스테틱만 하게 되면 띄엄띄엄한 하프 마녀로 살게 된다니까요. 반쪽짜리 마녀가 아닌 온전한 마녀를 지향하는 우리에겐 맘스테틱의 영혼의 단짝 몸스테틱을 잊지 말아야 하죠. 맘 스테틱이 먼저냐 몸 스테틱이 먼저냐 물으신다면 묻지도 따지지도 말고 뫔스테틱하면 됩니다. 더 중요하고 덜 중요한 걸 가릴 시간도 이유도 없어요. 그냥 반반씩 하면 깔끔하니까요. 단, 한쪽에만 몰빵 금지! 기억하세요!

한때는 제법 어리석게도 강력한 맘으로 몸은 충분히 제어할 수 있다고 믿어왔습니다. 맘으로 몸을 다스리는 게 뭔가 더 있어 보인다고 생각을 했던 거죠. 어찌 보면 맘으로 몸을 제어할 수 있는 건 맞습니다. 그러나 그 기간이 '초초초 당분간'이라는 게 문제죠. 영양제보다 더 꼬박꼬박 챙겨 먹은 나이와 각종 다채로운 스트레스로 인해 제 몸은 노화되고 있었지만, 맘은 제가 아직도 뜨거운 피를 끓여대는 청춘인 줄 아는, 맘과 몸의 시차에서부터 불협화음이 시작되더란 말이죠.

몸과 맘의 밸런스가 너무나도 중요하다는 걸 기꺼이 몸을 망가뜨리고서야 알게 됐지 뭐에요. 지금도 맘을 못 따라가는 몸 때문에 풍성하게 고생하고 있으니까요. 정확히 말씀드리지만, 몸의 짱짱한 받침이 없다면 강력한 맘만으로는 절대 마녀답게 살아갈 수가 없습니다. 암요암요!

'마녀님들! 진짜 마녀로 살고 싶다면 몸스테틱하세요! 묻지도 따지지도 말고 그냥 제발 하세요!'

알러지 금수저로 태어난 예민한 몸과 급한 성격으로 스트레스 호르몬인 코르티솔을 반려 호르몬으로 달고 살았답니다. 안 아픈 날보다 아픈 날의 비율이 훨씬 높은 나를 살려보고자, 살고 싶어서 읽어낸 건강 서적 60여 권을 쫙! 북 조림으로 교집합을 추출해내었죠. 그리고 몸에 직접 적용해보며 내 몸에 맞는 몸스테틱을 찾아 습관으로 만들고 있습니다.

지구상에 60억 인간 중에 나랑 똑같은 인간은 없는 것처럼 우리 몸도 역시 다 달라서 몸에 맞는 방법을 찾는 건 무척이나 중요한 일이죠. 여러 책이 말하는 각각의 방법이 있지만, 공통으로 말하고 있는 교집합만 찐하게 모아봤어요. 복잡한 거 질색하는 제가 마녀님들을 위해 딱 6가지만 준비했습니다. '알아두면 달라지는 마녀 6종 몸스테틱'줄여서 일명 '알달 6종' 지금부터 심플하게 들려드릴게요.

알달 6종 첫 번째 – 아무것도 하지 마. '클린타임'

지구상의 모든 마녀님의 몸스테틱에 꼭 있어야 한다고 목에 핏대 세우며 주장하는 제가 가장 좋아하는 방법이자 마녀님들 누구에게나 반드시 효과가 있는 갓성비 최고의 으뜸 알달 6종입니다. 당최 무엇이길래 게으른데 효과가 이리 좋은지 궁금하시죠? 말 그대로 몸을 클린하게 만드는 '공복 시간'을 '의도적'으로 가지는 거죠.

우리 몸은 크게 두 가지 상태로 구분할 수가 있는데요. 음식을 먹었을 때와 먹지 않을 때죠. 음식이 무엇이든 간에 뭔가가 입으로 일단 들어가게 되면 우리 몸에 소화 · 흡수기관 전체의 전원 버튼이 눌러지거든요. 그러니까 늦은 밤 먹는 치킨이나 라면은 내 입엔 너무 행복한 찰나이지만 내 몸의 입장에서 보면 원치 않는 야근을 주인 덕분에 밤새 해야 한다는 고된 전개가 됩니다.

세상에 어떤 야근이든 야근이 좋을 수는 없는 거 아닙니까. 즉 클린 타임이란 소화기관 전체를 쉬게 만들어 줌으로 내 몸에 원래 장착되어있는 회복과 재생기능을 극대화하는 세상에서 가장 게으르며 탁월한 방법이라는 거죠. 아무것도 안 해도 저절로 좋아지는 것이니까 가장 게으른 방법 맞죠? 후훗.

신기하게도 우리 몸에는 공복 시간이 누적되었을 때 분비되는 호르몬이 있어요. 그동안 제대로 사용하지 못했던 이 여러 호르몬을 제때 찾아 쓰는 것만으로도 어떤 영양제보다 우월하답니다. 또 클린 타임 동안에 몸속에 쌓여있는 노폐물을 분리하고 뭉치고 배출하기도 하고 재활용 가능한 세포들을 재조립하기도 하며 심지어 몸 여기저기 저장해 놓았던 잉여 에너지를 사용한다니까요. 즉 체지방을 분해해서 쓰게 되는 더없이 반가운 작용이 일어나는 거죠.

이러한 자가포식 메커니즘을 밝혀냄으로 오스미 요시노리 박사님은 2016년 노벨 생리학 · 의학상을 수상했으니, 이 좋은 클린 타임을 평생 무료로 활용할 수 있는데 모르면 몰라서 못쓰지 알고도 안 쓰는 마녀님들이 어디 있겠냔 말입니다! 우리가 흔히 알고 있는 밤에 먹으면 살찌니까 먹으면 안 된다는 뻔하고 빈약한 동기가 아닌 클린 타임에 의한 의도적 공복은 지금과는 다른 마녀다운 몸으로 태어날 수 있도록 만들어 준다는 거죠. 이쯤 되면 클린 타임 어떻게 공복 하면 되는지 현기증 나시죠? 자 그렇다면 클린 타임 상세페이지 고고해 보겠습니다.

[내 몸에 맞는 클린 타임 찾기]

1. 클린 타임은 수면시간을 포함 12시간부터 가볍게 시작해 봅니다.
   저녁 식사를 7시에 마쳤다면 다음 날 아침 7시까지가 클린 타임인 거죠.
2. 12시간이 적응되셨다면 클린 타임을 1시간씩 차츰 늘려 보면서 몸의 변화를 느껴봅니다.
   13시간 14시간 이렇게 말이죠. 16시간을 목표로 늘려 보시면 좋습니다.
3. 16시간 클린타임이 익숙해지면 간간이 18시간, 20시간 딥 클린하는 날을 만들어 봅니다.
   시간대별로 몸에서 일어나는 유익한 작용들이 달라지거든요. 스케줄에 무리가 가지 않는 날을 잘 골라서 꼭 한번 시도해보길 추천해 드려요.

4. 중요한 건 내 몸에 맞는 공복 시간을 찾아가는 것이랍니다. 긴 클린 타임에 무턱대고 욕심내지 말고 습관으로 만들 수 있는 공복 시간을 찾아 반복하는 거죠. 클린 타임이 습관이 되면 몸이 어려지는 몸스테틱 효과를 제대로 얻을 수 있어요.

마녀님들의 체질과 상황에 맞게 아침 식사를 패스할지, 저녁 식사를 패스할지 고려해서 클린 타임을 만들어가시면 됩니다. 어쨌든 클린 타임은 누적시간으로 카운트하면 되니까요. 아! 클린 타임에도 물과 아메리카노, 각종 차는 자유롭게 드셔도 좋습니다. 클린 타임은 일주일에 한두 번으로 시작해서 차근차근 늘려가는 방법도 좋은 거 같아요. 급한 성격일수록 클린 타임 습관을 잘 만들지 못하는 이유가 바로 몸이 적응할 수 있는 시간을 배려하지 않기 때문이거든요. 급하게 무리한 시도와 빠른 결과를 재촉한다면 몸이 버거워하고 이내 포기를 선택하게 되는 거죠. 급할 거 없습니다. 워워.

부작용이 살짝 있긴 해요.

[클린 타임 하면 자주 듣는 소리]

1. 요즘 무슨 좋은 일 있어? – 만성피로를 밀어내고 좋은 에너지 뿜뿜하기 시작하니까요.
2. 요즘 자꾸 예뻐지네? – 그간 숨어있던 이목구비가 되살아나고 피부도 맑아지니까요.
3. 어머 살 빠졌지! – 작정하고 다이어트 안 해도 체지방은 덤으로 빠져요. 살 빠지면 다 이뻐요.

1, 2, 3 이외에도 요즘 다니는 피부과나 성형외과 알려 달라거나 요즘 먹는 제품이 뭔지 물어오는 분들이 생겨서 살짝 귀찮아지실 수도 있다는 주의점을 미리 알려드립니다. 씨익. 어찌 보면 의도적 공복과 무작정 굶는 것은 비슷한 상태인 듯 보이지만 달라도 심하게 달라요. 왜 공부를 해야 하는지 알고 하는 공부와 해야 한다니까 하는 공부가 다르듯 말이죠. 그래서 클린 타임에 대해 더 알고 싶은 마녀님들을 위해 잘 읽히는 책 추천해드릴게요.

제이슨 펑, 지미무어 『독소를 비우는 몸』, 알레한드로 융거 『클린』, 세키쿠치 마사루의 『월요단식』

책보다는 유윤주 마녀의 60권 북조림을 듣고 싶다면 DM 주세요. 기꺼이 들려드리겠습니다. 확실한 건 알아야 달라진다는 거고. 알게 되면 달라지고 싶다는 거죠. 달라지고 싶어져야 행동하니까요. 자 마녀님들! 평생 무료 클린 타임! 망설이면 바보예요! 지금 고고!

깨끗하게, 맑게, 자신 있게 클린 푸드!

'저퀄 먹으면 저퀄 나고 고퀄 먹으면 고퀄 난다.' 퀄리티 낮은 음식을 먹으면 퀄리티 낮은 에너지가 만들어지고 퀄리티 높은 음식을 먹으면 퀄리티 높은 에너지가 만들어져요. 너무 맞는 말이라 반박 불가한 대자연의 순리라고 생각해서 만든 유윤주 마녀의 클린 슬로건이죠. 클린 타임과 함께하면 효과가 증폭되는 마녀 6종 몸스테틱 '알달 6종' 두 번째는 바로 '클린 푸드'랍니다. '클린 타임+클린 푸드'로 클린 에너지 업업 해보자고요.

알달 6종 두 번째 – 깨끗하게 맑게 자신 있게 '클린 푸드'

클린 타임은 아무것도 하지 말아야 하는 것이 포인트라면 클린 푸드는 적극적으로 장바구니에 담는 '선택'이 포인트랍니다. '클린 푸드' 하면 무엇이 떠오르세요? 사과, 배, 당근, 배추, 오이, 상추, 브로콜리, 아보카도, 피망…. 지금 생각나는 그런 식품 모두 맞아요. 한마디로 깨끗하고 좋은 에너지를 만드는 자연영양 가득한 자연식품을 이야기합니다. 그러니까 우리 마녀님들은 대자연이 만든

동식물 음식 재료인 클린 푸드를 최소한의 가공으로 최대한 많이 섭취하자는 이야기입니다.

클린 푸드를 많이 먹어야 클린해져요! 그러려면 마트 장바구니에 또 마켓컬리, 쿠팡 장바구니에 일단 담아야겠죠. 우리가 먹는 음식이 결국엔 나의 몸을 이루고, 나를 움직이는 에너지를 만들어내기 때문에 어떤 음식을 주로 선택하느냐가 결국 주된 나를 만든다는 것이죠.

"과자를 먹으면 과자가 나를 만들고, 콜라를 마시면 콜라가 나를 만들어요! 토마토를 먹으면 토마토가 나를 만들고, 브로콜리를 먹으면 브로콜리가 나를 만들죠!"

심지어 내가 먹은 음식들이 내 감정까지 만든다고 이야기할 정도로 음식은 몸과 맘을 만드는 주재료 중 하나라고 할 수 있습니다. 그러니 먹는 것을 바꾼다는 것은 나를 바꾸는 것의 기본이며 가장 쉽고도 가장 어려운 일이라고 할 수 있습니다. 끄덕끄덕! 그래서 저는 자기계발의 시작이 책상에서 시작되는 것이 아니라 식탁에서 시작되는 것이라고 강력하고 꾸준하게 주장하고 있죠. 그러니까 마음먹은 대로 사는 마녀가 되려면 장바구니부터 바꾸는 몸스테틱이 이루어져야 한다는 거죠. 클린 푸드를 지금 장바구니에 담기!

자, 그렇다면 클린 푸드의 반대말은 무엇일까요? 뚜둥! 클린 푸드의 반대말은 바로바로 '초고도 가공식품'이 되겠습니다. 마트에 가서 한번 둘러보세요. 우리는 이미 식자재의 원형을 알아볼 수 없을 정로도 수차례 가공된 식품에 둘러 쌓여있죠. 많이 빻고 찧고 갈고 뭉치고 거기에 여러 종류의 합성첨가물들이 범벅된 각종 인스턴트 식품과 햄, 과자, 빵, 음료수들이 넘쳐납니다. 공장에서 만들어낸 식품, 먹을 수는 있으나 자주 먹으면 안 되는 식품이라고 말씀드리고 싶어요. 편하고 맛있어서 찾게 되는 초고도 가공식품들이 우리를 서서히 시들시들하게 만들고 원하지 않는 진단명까지 얻게 만드니까요.

초고도 가공식품들은 24시간 손만 뻗으면 닿는 곳에 항상 준비되어 있다는 게 문제죠. 편의점에 진열된 삼각김밥과 샌드위치에 20가지가 넘는 합성첨가물들이 들어있다고 하니 사실 주재료가 합성첨가물이라고 해도 틀린 말이 아닐 수도 있을 정도랍니다. 더 큰 문제는 초고도 가공식품에 길들어 있는 나의 '입맛'이죠. 몸에 좋지 않은 건 알고 있으나 내 입이 너무나 시도 때도 없이 원하니까요. 흑흑.

근데 마녀님들 그거 아세요? 내가 좋아한다고 믿는 과자, 치킨, 피자, 국수, 빵들이 사실 음식중독에 의한 것일 수 있다는 사실 말이에요. 수십 가지의 첨가물들이 우리를 중독시키고 있다는 소름 돋는 이야기입니다. 그러니까 우리 몸 안에서 주고받는 신호인 호르몬들이 교란되어서 엉뚱한 신호를 발신하고 수신하고 있다는 말이죠. 그래서 계속 먹고 싶은 거라고요! 망가진 나의 미각과 교란된 나의 호르몬으로 나는 초고도 가공식품을 자꾸 선택하게 만든다는 결론입니다.

뭔가 억울하죠. 내가 잘못한 게 아니라 나는 거대한 식품산업에 작고 귀여운 재물이었다는 사실에 말이에요. 우리는 이제 음식중독에서 해독되어야 합니다. 어떻게요? 이렇게요!

[클린푸드 디톡스]

1. 나의 먹BTI를 분석해봅니다. 나는 무엇을 먹는가? 자각해야 바뀔 수 있습니다. 클린 푸드 vs 초고도 가공식품 비율 따져보기! 식단 기록해보시면 놀라실걸요.
2. '초고도 가공식품 프리'요일을 정하고 의식적으로 선택을 바꾸는 연습을 합니다. 이날은 클린 푸드로만 하루를 채워보는 거예요. 초고도 가공식품과 적극적으로 소원해지기!
3. 클린한 간식으로 바꿔줘야 합니다. 공장에서 만든 간식 말

고 자연이 만든 간식으로! 탄산음료 안녕! 과자, 케이크 잘 가! 달콤하며 완벽한 영양 가득 과일, 채소 활용하기!

4. 1일 1 클린푸드! 하루에 한 끼는 충분히 클린푸드로 올바른 영양 채우기! 클린 푸드를 늘리면 집 나간 호르몬이 자리를 찾아 돌아오고 무뎌진 미각도 되살아나요.

클린 푸드 디톡스 어렵게 생각할 필요가 없어요. 우리가 매일 먹던 한식이 클린 푸드잖아요. 한식에 채소, 과일의 비율을 늘려주면 되는 거든요. 근데 말이죠, 희한하게 클린 푸드를 늘려도 디톡스가 도통 안 되는 마녀님들이 있을 거예요. 있다니까요. 어떤 경우냐면요. 클린 푸드는 늘렸지만, 초고도 가공식품을 줄이지 않았을 경우랍니다. 이러면 도통 안 바뀝니다. 초고도 가공식품들 찌꺼기로 몸속에 독소는 계속 만들어지니까요. 깨진 독에 클린 푸드 붓는 격이죠. 뭔가 감이 오시죠? 클린 푸드를 늘려가는 것 정말 중요하지만, 초고도 가공식품을 줄여가는 것이 더더더더더더더 중요하다는 결론입니다. 가짜 음식과 음식 중독에서 벗어나야 진짜 내 몸의 클린 에너지를 만날 수 있어요. 원래 내가 지닌 나의 고유 에너지 찾아오자고요!

알면 달라지는 마녀의 6종 몸스테틱 1번과 2번! '클린 타임+클린푸드' 클린 습관 세트를 몸스테틱으로 몸에 착 붙여보자고요. 클린한 에너지로 사는 클린 마녀!

매일 만나! 스마일 똥!

자! 클린 타임으로 회복·재생시스템도 가동하고 있고 클린 푸드로 몸속에 충분한 영양을 제공하며 독소를 야무지게 몰아내고 있다면 이제는 매일 마녀님들의 스마일 똥을 만날 차례랍니다.

알아두면 달라지는 마녀의 6종 몸스테틱
'알달 6종' 세 번째 – '매일 스마일 똥'

마녀님들! 국가와 인종을 막론하고 똥에도 국제표준 건강한 굿똥 기준이 있다는 것을 알고 있으세요? 1단계부터 7단계까지 전 세계인의 장상태에 따른 굿똥의 기준이 있답니다. 저는 처음 이 차트를 보고 만성 1번 똥, 2번 똥 마니아였다는 사실에 참 안타까웠지 뭐에요. 흑흑. 영국의 브리스톨대학에서 연구하여 만든 '브리스톨 스케일' 대변 차트 다 같이 보시죠!

(브리스톨 스케일 대변 차트)

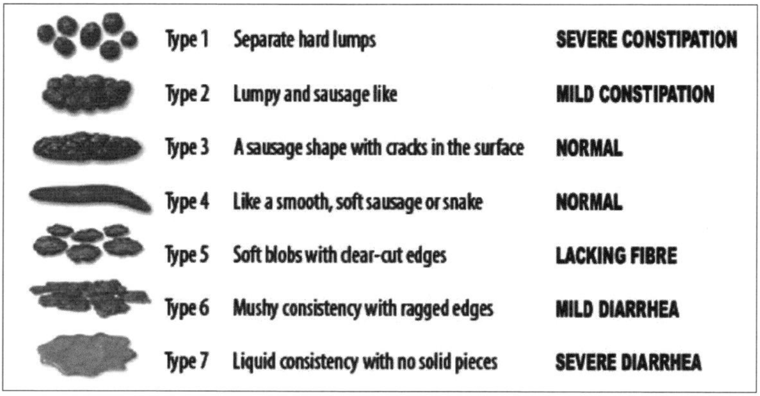

Type 1	Separate hard lumps	SEVERE CONSTIPATION
Type 2	Lumpy and sausage like	MILD CONSTIPATION
Type 3	A sausage shape with cracks in the surface	NORMAL
Type 4	Like a smooth, soft sausage or snake	NORMAL
Type 5	Soft blobs with clear-cut edges	LACKING FIBRE
Type 6	Mushy consistency with ragged edges	MILD DIARRHEA
Type 7	Liquid consistency with no solid pieces	SEVERE DIARRHEA

출처 : wikipedia.org/wiki/File:BristolStoolChart.png

마녀님들은 화장실에서 몇 번째 단계의 똥을 매일 만나고 있나요? 스마일 모양을 한 끊김 없이 길쭉하고 부드러운 4단계 똥을 만나고 있다면 매우 매우 축하드립니다. 하하. 스마일 똥을 매일 만난다는 것은 장내 미생물들이 아주 건강하고 사이좋게 지내고 있다는 스마일 시그널이니까요.

장은 건강의 뿌리이자 면역의 주관자인 장내 미생물들이 울창한 숲을 이루고 살아가는 곳이죠. 또한 우리의 감정조절과 운동능력, 성 기능, 학습능력은 물론 숙면에 이르기까지 막대한 영향을 미치는 세로토닌 호르몬의 90% 이상을 만들어내는 굉장히 중요한 호르몬 공장이랍니다. 게다가 우리가 먹는 음식 영양분의 소화 · 흡수는 물론 찌꺼기를 뭉쳐 똥으로 만들어내는 하나로 연결된 거대한 구불구불한 관이죠. 즉 장이 건강하지 못하다면 좋은 에너지로 살긴 글렀다는 이야기가 됩니다.

그런 장의 컨디션을 매일 빠르게 확인할 수 있는 곳이 바로 화장실에 있는 순백의 변기 되겠습니다. 그렇기 때문에 마녀님들께 당부드리는 것은 화장실에서 볼일 후에 곧바로 물을 내리지 말라는 말씀입니다. 물을 내리기 전에 꼭꼭 꼭 내 눈으로 나는 오늘 몇 단계의 똥을 만들어냈는지 소변 컬러와 농도는 어떤지 스캔하는 습관이 있어야 합니다. '오늘 나는 몇 번 똥인가?' 체크체크!

건강검진은 의료진의 영역이 있고 매일 홈케어로 스스로 할 수 있는 영역이 있다는 것을 기억하면서 오늘 바로 실천해 보시는 거예요. 참 쉽죠? 변기에서 일어나서 뒤돌아보는 동작 하나만 더하면 됩니다. 자, 이제 그렇다면 마녀다운 스마일 똥을 예쁘게 만들어내는 건강한 장내 미생물 관리 줄여서 장미관리를 어디 한번 술술 알려드려야겠죠?

[스마일똥 by 장미관리]

1. 장미밥 챙기기 – 섬유질이 많은 클린 푸드가 딱 맞죠. 장미가 좋아하는 클린 푸드.
2. 클린 푸드의 다양성 늘리기 – 60조 장내 미생물의 먹이가 다 같을 수 없죠. 골고루 먹기.
3. 클린 타임 가지기 – 클린 타임 동안 장미들이 장벽청소도 하도 좋은 세포 복제도 한답니다.
4. 햇살 샤워 – 햇살 샤워 15분! 장에서 만드는 행복 호르몬 세로토닌을 잘 만들려면 꼭 필요해요! 장미는 햇빛을 좋아하니까요.
5. 초고도 가공식품 멀리하기 – 장미도 아프게 하고 호르몬도 교란하는 공장 음식과는 절대 안녕.

클린 타임을 가지고 클린 푸드를 골고루 먹고 햇살 샤워를 하고 공장 음식을 멀리멀리하기! 몰라서 못 한다기보다는 알지만 잘 안 되는 진짜 이유는 바로 한번 실천한다고 효과를 볼 수 없는 습관영역에 해당하기 때문이죠. 뭐 반대로 말하면 매일 조금씩 하면 안 될 것도 없는 영역이라는 이야기 성립되네요. 하하.

진짜 마녀답게 살아가려면 매일 화장실에서 스마일 똥을 만나야 합니다. 모두 스마일!

물오른 마녀의 물관리

물오르다 [무로르다]: 동사. 사람이나 동물의 능력이나 형편, 상태가 좋아지다.

"너 요즘 물올랐다!" 이런 이야기를 주변에서 듣고 있다면 실로 콧노래를 부르는 기분 좋은 칭찬이죠. 좋은 상태를 이야기할 때 왜 우린 물올랐다는 표현을 할까요? 물 말고도 불 올랐다고 할 수도 있고 땅 올랐다고 할 수도 있는 건데 말이죠. 후훗.

그런 거 같아요! 다른 어떤 것보다도 물은 우리에게 대체 불가능한 절대적인 존재이기 때문이겠죠. 투명한 이 물은 무려 지구의 70%를 차지하고 있고 그 비율은 운명적으로 우리 몸의 70%가 물인 것과 같아요. 우리 몸에 물이 2~3% 부족할 때 우리는 갈증을 느끼게 되고 4%가 부족하면 소변량이 감소하며 5%가 부족할 때 혼수상태에 빠지게 됩니다. 고작 몇 퍼센트의 물 부족에도 좌지우지되는 것이 인체 생리이기 때문에 물올랐다는 표현은 능력이나 상태가 좋아짐을 이야기하는 때 인용되는 것은 마땅하다 싶어요. 그렇기에 우리는 모두 물오른 마녀가 되어야 합니다.

'알달 6종' 네 번째 – '물오른 마녀의 물관리'

이렇게 많은 곳에 다 물이 필요하다고? 할 정도로 마녀님들이 생각하는 것보다 물은 굉장히 멀티플레이어랍니다.

[물의 역할은 말이죠]

1. 체내 모든 공간을 채우고 세포 간 연결
2. 체온조절, 피부 노화, DNA 손상방지, 회복
3. 면역체계효능 높이기
4. 영양분 흡수, 전달
5. 독소, 노폐물 배출
6. 수면 호르몬, 행복 호르몬 분비에 관여
7. 뇌 활동과 근육생성

그러니까 생산작용, 조절작용, 순환작용, 동화작용, 배설작용, 체온조절작용 이 모든 작용에 물이 있어야 한다는 거죠. 왜 몸에

70% 이상이 물이어야 하는지 고개가 끄덕끄덕해지는 순간입니다. 즉 물이 부족하면 이 모든 작용에 영향이 미친다고 생각해보세요. 그렇다면 마녀님들 어찌해야겠습니까? 우리는 늘 물이 충분한 물 오른 상태가 되어야겠죠! 물도 어떻게 마시느냐에 따라 흡수율도 달라지는 거 알고 있으세요? 물 마시는 방법! 배워본 적 있으세요? 오늘부터 이렇게 물 마시기!

[같은 물, 다른 물 마시기]

1. 대략 체중 25kg당 1L로 하루 마셔야 하는 물의 양을 계산합니다. 물 마시는 것도 연습이 필요해요. 서서히 늘려가도 됩니다.
2. 아침 공복에 마시는 물 한잔은 몸을 깨우며 장을 움직여서 노폐물 배출에 좋습니다. 뜨거운 물을 먼저 붓고 차가운 물을 부어 만드는 '음양탕'을 활용하세요. 물이 서로 섞이는 강한 대류 현상이 만들어낸 힘 있고 흡수율 좋은 물을 마시는 방법입니다. 만들기 쉽죠.
3. 한 시간에 한 번! 벌컥벌컥이 아닌 꼴깍꼴깍으로 마셔주는 게 좋습니다. 한 번에 250mL 정도를 씹어 먹는다 생각

하고 천천히 마시는 것이 흡수율이 높아요.

4. 순수한 물! 그냥 물만 마셔주세요! 아무것도 첨가하지 않은 순수한 물이 가장 흡수가 잘 되니까요.
5. 잠들기 2시간 전에 물을 한잔 마셔주면 숙면에 좋습니다. 잘 자야 예뻐진다는 과학이니까 잘 자야죠.

물만 잘 마셔줘도 우리가 걸리는 질병의 80%는 예방할 수 있다는 이야기가 있는데도 스스로가 만성 탈수증상이 있는지도 모를 만큼 무뎌져 있는 경우가 많다는 거죠. 몸에 좋은 영양제는 챙겨 먹으면서 물을 안 마시면 효과가 덜 하고요. 그 비싼 수분크림 바르면서 물을 안 마시면 효과가 덜하니까요. 반대로 물만 챙겨 마셔줘도 지금 먹는 영양제의 효과가 업업되고 지금 바르는 수분 크림의 효능이 업업된다는 이야기입니다. 씨익.

쉽게 얻을 수 있고 가장 효과가 좋은 물! 이뻐지고 활력이 생기는 뭔가가 더 필요해서 이거저거 두리번거리실 필요도 없어요. 딱 30일만 매일 물 챙겨 드셔보세요. 거울에 바로 효과가 보입니다. 보여요! 장담 1000%.

몸이 달라지는 잠! 달잠!

'침대는 과학입니다.'라는 침대 광고문구 기억나시죠? 잠이 뭐길래 잠자는 침대를 과학까지 동원해서 만들어야 한다는 걸까요. 단지 침대뿐만이 아니라 질 좋은 수면에 관련한 제품들은 이미 SNS에 꽉 차 있죠. 눈을 감고 누워있다고 해서 핸드폰 충전되듯 우리 몸도 알아서 척척 충전된다면 이런 수면 관련 제품들은 만들어질 필요가 없었겠죠. 즉 눈감고 누워 잠을 잔다고 해도 다 똑같은 잠이 아닌 몸이 달라지는 달잠은 따로 있다는 이야기랍니다. 그래서 준비했습니다. 몸이 달라지는 잠! 달잠 자는 마녀로 만들어 줄 달잠 가이드!

'알달 6종' 다섯 번째 – '몸이 달라지는 잠! 달잠!'

우리 엄마의 엄마의 할머니의 할머니의 오랜 건강 명언들은 딱 심플하면서 정확하죠. '잘 먹고 잘 싸고 잘 자는 게 최고' 군더더기 없이 딱 맞는 말이에요. 매일 반복하고 있는 먹고, 싸고, 자고. 이 '쓰리 고'만 잘 잘하면 몸스테틱 뭐 따로 할 필요 있겠습니까! 달잠이 왜 오랜 명언에 포함되어있는 사항인가 살펴보면 말이죠. 하루

동안 열심히 일한 뇌를 비롯한 나의 장기들에 축적된 피로를 회복하는 중요한 시간이며 면역증강은 물론 멜라토닌, 성장호르몬과 같은 유능한 호르몬을 분비하는 시간입니다.

이렇게 감정을 순화시키고 하루 동안 듣고 본 것을 분류하고 기억을 저장하는 수면시간은 알달 6종 첫 번째 클린 타임에 포함되는 시간인 만큼 우리에게 부족함이 없어야 하는 시간입니다. 즉 잠을 자는 시간이 불규칙하거나 수면의 질이 떨어지게 되면 피로감과 주간 졸림, 집중력 감소, 감정변화로 우울감이 높아지는 것은 물론 염증세포의 활성화로 염증 질환의 발생, 악화가 만성 염증으로 이어지며 각종 질병에 취약해질 수밖에 없게 되는 거죠. 게다가 지방을 잘 저장하는 살이 찌는 몸으로 바뀌게 만든다니 잠을 잘 자지 못하면 자주 아프고 빨리 늙고 부지런하게 죽게 된다는 이야기입니다.

잠자리에 누웠을 때 곧바로 곯아떨어지는 것이 좋다고 생각할 수 있지만 누운 후 5분 안에 잠이 든다면 피로 누적, 수면 부족 상태로 볼 수 있으며 잠드는데 적당한 시간은 15분 정도로 알려져 있습니다. 만약 20분 이상 걸린다거나 중간에 자주 깨고 아침에 개운하지 못하다면 수면의 질이 떨어진 상태로 볼 수 있는 거죠. 마녀님들은 달잠인가요? 못잠인가요?

자. 그렇다면 몸이 달라지는 달잠을 자려면 어떻게 해야 하느냐?! 지금 알려드릴게요.

[몸이 달라지는 잠! 달잠 가이드]

1. 달잠시간 6~8시간은 반드시 확보해야 합니다. 수면 알람을 활용하면 좋아요. 너무 적어도 문제지만 8시간 이상 자는 건 오히려 바이오리듬을 깨기도 하죠.
2. 칠흑 같은 깜깜한 밤을 만들어야 합니다. 빛을 감지하면 달잠 모드에 돌입이 어렵습니다. 블루라이트와 전자파는 달잠의 천적이랍니다. 핸드폰은 침대에서 멀리.
3. 낮 동안 충분한 햇빛과 활동량이 필요합니다. 달잠 호르몬인 멜라토닌을 위해 낮 동안 재료를 모아야 하죠. 햇살 샤워하며 걷기 30분.
4. 달잠 온도 18~20도, 달잠 습도 50~60%를 유지해야 합니다. 피부 체온이 아닌 몸속 체온이 떨어져야 잠이 드니까 침실은 약간 쌀랑하고 촉촉하게.
5. 야식은 고이 접어 넣어두셔야 합니다. 반. 드. 시! 야식을 먹으면 침대에 눕고 눈을 감아도 소화, 흡수 모드로 몸은 야근을 계속한다니까요.

아무리 바빠도 잠은 자야 합니다. 힘든 일이 있어도 잠은 자야죠. 아니 바쁠수록 힘들수록 잘 자야죠. 잠을 포기하며 그 어떤 것을 한다 한들 큰 그림적으로 보면 얻는 것보다 잃는 것이 훨씬 더 많으니까요. 그렇기에 모든 역사는 밤에 이루어진다고 하며 미인은 잠꾸러기라는 말은 만고불변의 펙트아니겠습니까. 마녀다운 역사는 칠흑 같은 밤 달잠으로 이루어진다는 것을 잊지 말고 그냥 잠들기보단 달잠 가이드대로 잠들어 보자고요. 오늘도 달잠!

운동하는 마녀가 진짜 마녀

마음먹은 대로 사는 마녀가 되려면 일단 살아 있어야 합니다. 말해 뭐합니까. 제아무리 대단한 마녀인들 팔팔하게 살아 있어야 마녀 노릇을 하는 거 아니겠습니까. 시들시들 침대에 누워서 마음만 먹는다고 마녀가 될 수는 없죠. 즉 건강해야 한다는 겁니다. 그래서 말이죠. 운동해야 합니다. 그것도 꾸준히!

'알달 6종' 마지막 여섯 번째 – '운동하는 마녀가 진짜 마녀'

운동습관을 이미 가지고 있는 마녀님이라면 찐하게 축하드립니다. 마녀님은 앞으로 만렙 마녀의 여정을 거침없이 헤쳐나갈 진짜 마녀의 자격을 갖추신 분이니까요. 그리고 아직 운동습관을 갖지 못한 마녀님이라면 역시나 찐하게 축하드립니다. 마녀님은 운동을 통해 지금보다 훨씬 더 마녀력을 가질 수 있는 가능성의 신세계가 다분하신 분이니까요. 후훗. 꽤 낡은 설명이 되겠지만 알달 6종 마지막 조항인 운동을 해야 하는 이유를 설명해 드려볼까 해요. 이미 너무나 알고 있는 이유입니다.

[운동해야 하는 이유]

- 몸 건강을 위해 해야 한다.
- 맘 건강을 위해 해야 한다.
- 즉 몸맘 건강을 위해 해야 한다.

즉 운동은 몸과 맘 건강에 필수적으로 필요한 신체적 행위입니다. 운동을 해야 하는 이유는 질병 관리청에서 설명하는 바와 같이 운동은 조기 사망의 위험을 낮추고 근육 및 심폐 건강, 뼈 건강, 기능적 건강이 개선되며 고혈압, 관상동맥 심장질환, 뇌졸중, 당뇨병, 암, 우울증의 위험이 줄어들기 때문이라고 굳이 거창하게 설명하지 않은 이유는 바로 '건강'이라는 단어가 지닌 뜻 때문입니다.

[건강 : 정신적으로나 육체적으로나 아무 탈이 없고 튼튼함. 또는 그런 상태]

그렇죠! 운동해야 하는 이유는 몸과 맘이 아무 탈 없이 튼튼해지기 위해 해야 하고 몸과 마음을 모두 건강하게 만드는 탁월한 방법이기 때문인 거죠. 몸과 마음이 연결되어 있다는 건 우리가 모두 알고 있는 사실이니까요. 그러니까 운동은 몸스테틱을 위해서도 맘스테틱을 위해서도 꼭 우리에게 필요한 대체불가 절대적 뫔스테틱이랍니다.

자, 그럼 어떤 운동을 해야 몸과 맘이 모두 건강해질 수 있는 걸까요? "딱 이렇게만 하시면 됩니다."라고 마법의 운동법을 알려주는 사람이 있다면 다른 건 몰라도 그분은 딱 믿고 거르셔도 좋습니다. 하하. 몸과 맘을 한방에 건강하게 만드는 마법의 동작 따위는 존재할 리가 없으니까요. 단 하나, 우리의 몸과 맘의 건강을 지키고 유지하는 힘을 가진 마법 같은 운동습관이 존재할 뿐이죠. 한번 운동했다고 건강해지면 '건강이 최고'라는 말이 무엇보다 우선순위일 리가 있겠습니까.

몸과 맘을 건강하게 만드는 운동은 단순한 운동능력이 아니라 매일 마트 적립금처럼 쌓는 운동습관이라는 결론이죠. 현실에선 마트 적립금을 모아서는 당근 하나도 사기 어려운 게 사실이지만 운동습관으로 매일 쌓는 운동적립금은 큰 위기에서 나를 지키기도 하고 큰 기회 앞에서 나를 밀어주기도 하는 든든한 스폰서의 역할을 해낼 것을 믿어야 합니다.

'운동습관은 나의 스폰서다.' 그러니까 따로 시간을 낼 수가 없고

장소 또한 마땅치 않을 때일지라도 생활 속 걷기, 계단 오르기, 스트레칭처럼 할 수 있는 것을 습관으로 만드는 것에 초점을 매일 가져다 놓아야 하는 거죠. 어려운 동작을 완벽하게 해내는 운동능력보다는 사소하게 미미하게 일상에서 지속할 수 있는 하찮아 보이는 동작이 운동습관을 만들기에는 더 괜찮다는 이야기랍니다. 저는 말이죠. 지하철 계단으로 다니기하고 만보걷기 노력하고 있고 다이소에서 파는 3000원짜리 폼롤러로 여기저기 문지르면서 드라마 보기하고 있어요. 요거요거 재미 쏠쏠합니다.

앞서 소개해 드린 '알면 달라지는 마녀6종 몸스테틱'을 쭉 살펴보면요.

1. 클린 타임
2. 클린 푸드
3. 스마일 똥
4. 물 마시기
5. 달잠 자기
6. 운동 하기

근데 우리끼리 더 과감하게 솔직해져 보자고요. '알달 6종' 중에 세상에 태어나서 처음 듣는 비법 같은 게 있었나요? 몰라서 못 하는 게 아니라 알긴 하지만 어설프게 안다거나 알아도 하지 않는 거 맞잖아요. 즉 '알달 6종' 몸스테틱은 우선순위의 문제라는 이야기입니다.

'나에게 몸스테틱은 우선순위인가?' 진지 모드로 스스로에게 묻고 넘어가야 하는 순간에 우리는 지금 도달한 거죠. 나의 게으름과 귀찮음과 갖은 핑계들보다 몸스테틱이 우선순위에 있어야 찐 효력이 생겨나고 그 힘이 나를 마녀로 살게 만들 테니까 말입니다.

소를 반드시 잃고 외양간을 고치겠다면 더는 말릴 수 없지만, 그때는 고칠 기회가 없을 수도 있는 것이 건강이니까요. 마녀의 몸스테틱 '알달 6종' 우선순위 잊지 마세요. 꼭!

CHAPTER 4

마녀포텐

-내 안에 고유하고 고요한 힘.
마녀포텐 언박싱하기

모두의 거짓말

마녀님들. 우리가 뭐 마블 히어로처럼 대놓고 요란 빽적지근한 초능력은 없지만 말이죠. 우리에겐 남부럽지 않은 힘, 마녀포텐이란게 분명히 있습니다. 포텐셜,포텐이라고 불리우는 바로 이 힘은 마녀로써 지닌 잠재적인 성장능력을 의미하는데요. 이제 막 어린 마녀로서 데뷔한 우리가 지금부터 꺼내써야 할 나만의 고유하고 고요한 힘이죠.

이미 존재하고 있었지만, 존재감 없었던 이 마녀포텐을 지금 함께 언박싱해보렵니다. 잘 따라오실거죠? 마녀포텐을 폭죽 터트리듯 팡팡 터트리기 위해서는 주의사항이 딱 세 가지 있답니다.

[마녀포텐 언박싱 주의사항]

1. 세상이 하는 모두의 거짓말에 속지 말 것!
2. 내가 나에게 하는 거짓말에 속지 말 것!
3. 나의 포텐을 절대 의심하지 말 것!

자, 그렇다면 그만 뜸 들이고 하나씩 살펴볼까요? 마녀님들! 만약에 만약에 말이죠. 평생을 의심 한 가닥 없이 진리 또는 받아들여야 하는 펙트라고 생각했던 것이 알고 보니 빨개도 너무 새빨간 거짓말이었다면 어떨 거 같아요? 그러니까 흔히 믿는 도끼에 냅다 발등 찍힌 바로 그 상황이요. 믿는 도끼에 발등을 찍혔다면 어떻게 하실 거냐 이 말입니다. 도톰한 센스를 가진 마녀님들은 지금 시작할 이야기가 내 발등의 안녕과 관련이 있다는 걸 눈치챘을 겁니다. 끄덕끄덕! 자, 이제 우리의 발등에 박혀있는 그 믿는 도끼를 좀 뽑아볼까 해요. 세상이 내게 하고 있었던 거짓말, 모두의 거짓말로 내내 찍어온 내 발등 구하기. 어디 한번 귀 기울여보세요.

마녀로 살아보려는 내게 세상이 하는 모두의 거짓말 하나!
'될 놈들은 따로 있다.', '성공은 아무나 하는 게 아니다.'

위의 문장들. 어렸을 적 잔소리나 훈계에 종종 등장했던 거 기억나시죠? 물론 긍정톤으로 해석하기 어려운 상황에서 들어왔던 터라 부정적 해석으로 이어지는 건 물론이고 마음의 성장판을 조기에 닫게 만드는 탁월한 위력이 있는 말이죠. 마치 그 될 놈이 '나는 아니다'라는 자동 번역까지 단숨에 완성해서 마음 깊은 곳에 따갑게 박혀버리니까요.

하긴 뭐 어렸을 때뿐이던가요. 평생에 걸쳐 은유적으로 듣기도 하고 더러 나 자신이나 누군가에게 하기도 하는 말이기도 하죠. 지금부터 턱 밑에 오른손을 괴고 잘 생각해보세요! 그놈의 될 놈, 안 될 놈의 명확한 기준은 대체 뭘까요? 또 광범위 그 자체인 성공의 정의는 어떻고요. 될 놈과 성공하는 놈의 기준이 진정 표준화가 가능하단 말입니까. 근데 그런 기준이 설령 있다 하더라도 내가 뭐가 되고 싶은 줄 알고 될 놈 안될 놈을 나 아닌 남들이 어쩌고저쩌고하는 걸까요. 또 아무리 말에 힘이 있다 한들 그들이 내게 안 될 놈이라고 하면 진짜 내가 안 될 놈이 되는 걸까요? 풉! 모두의 거짓말을 마녀답게 정정해드려 봅니다.

'될 놈은 따로 있다' 말고 '될 놈은 따로따로 있다.'

'성공은 아무나 하는 게 아니다' 말고 '성공은 아무나 아무 때나 할 수 있다.'

네! 그렇다니까요. 진짜 될 놈은 될 놈, 안될 놈 상대적으로 갈라치기 하는 곳에서 열나게 경쟁하지 않고 각자의 세상에 집중하며 각자의 자리에 따로따로 있습니다. 결국은 남을 이기고 우위에 서야 될 놈이 완성되는 게 아니라는 이야기죠. 그러니 객관적 평가 운운하면서 나를 판단, 재단하는 모두의 거짓말은 삼겹살 구울 때 같이 노릇하게 구워 쌈 싸 드시길 추천 드립니다. 아니 뭐 지금 내가 진짜 안 될 놈처럼 보여도 사실 그건 안될 놈이 아닌 덜된 놈 아니겠습니까?! 하하. 아직 경험치가 적을 수도 있고 느리게 배울 수도 있고 말이죠. 사람마다 각자의 시간대에 사는 거니까요.

그러니 엄밀히 따지면 남들 눈에 내가 안 될 놈으로 보일 수 있으나 어엿하게 될 놈이 되기 위한 과정 중의 덜된 놈일 뿐이란 말입니다. 안될 놈과 아직 덜된 놈은 근본부터가 아예 달라요 달라! 맞잖아요.

성공도 아무나 하는 거 아니라고요? 에이, 아무나 하는 거 맞고요. 게다가 아무 때나 할 수 있는 거 맞다니까요. 성공의 정의란 각자의 세계관에 따라 다를 테지만 쉽게 세상에서 성공했다는 사람들 한번 보세요. 처음부터 아무나가 아니었던 사람이 어딨냔 말이죠. 시작은 모조리 아무나였어요.

그 대단한 성공자들도 시작은 다 쪼랩 뽀스래기였다는게 팩트

중에 팩트인걸요. 국립국어원에 물어보세요. '아무나'는 '누구나'와 별반 다르지 않습니다. 그러니까 성공은 아무나와 누구나가 하는 게 백번 맞습니다. 자, 우리 마녀님들 중에 아무나, 누구나가 아닌 사람 있어요? 없잖아요. 그렇다면 우리도 뭐 성공 못 할 조건은 아닌 거 같은데요.

아무 때도 같은 거죠. 어떤 특별한 때에 성공하는 게 아니라 아무나의 아무 때들이 모이고 쌓여서 도래하는 것이 성공이라는 말이죠. 국어사전에 아무 때는 '정해지지 않은 어떤 때'라고 딱 쓰여 있다니까요. 성공이라는 게 어느 특정한 몇 년 몇월 며칠날에 하는 게 아니니까 당연히 아무 때나 하는 게, 되는 게 맞죠. 안 그래요? 즉 성공하고 싶다면 아무나와 아무 때를 아주 잘 해석해야 한다니까요. 말장난 같지만 잘 생각해보면 장난이 아닌 의미있는 말이죠.

마녀로 살아보려는 내게 세상이 하는 모두의 거짓말 하나 더!
'이미 너무 늦었다.'

해방촌 꼭대기에 '당신이 있어 행복합니다'라는 꽃말을 가진 제라늄에서 이름을 딴 제라 헤어가 있어요. 17년째 다니는 곳이랍니다. 얼마 전 샴푸를 아주 시원하게 해주시는 새로운 스텝 선생님과 이런저런 이야기를 나누다 보니 우린 부쩍 가까워졌죠.

하얗고 애기애기한 얼굴에 스타일리시한 그 쌤은 본인이 20살로 돌아가면 공부를 진짜 열심히 할 거 같다고 이야기하더라고요. 누가 봐도 애기애기한데 지금은 너무 늦었다는 거예요. 그래서 그 쌤의 나이를 안 물을 수가 있어야지요. 나이를 묻는 말에 "제가 보기보다 나이가 많아요"라며 손을 좌우로 저으며 밝힌 나이는 고작 23살! 캥……. 허헐.

그러니까 20살이면 가능했을 텐데 이젠 23살이라서 공부를 하기에는 늦었다고 얘기를 한 거죠. 아, 진짜 누워서 샴푸 받다가 벌떡 일어날 뻔했다니까요. 답답한 마음에 지금 공부를 해도 30번은 다른 공부를 다시 할 수 있다고 진심을 담아 목청을 높였더랍니다.

이 이야기를 듣고 저처럼 '내가 23살이면 세상 못할 게 없겠네'라는 리액션을 하셨다면 그 23이라는 숫자에 내 나이만 바꿔 껴서 생각해보자고요. 70살의 내가 보면 지금의 나는 못 할 게 없습니다.

공부를 해도 30가지는 더 할 수 있고 하고 싶은 운동도 가고 싶은 곳으로 여행도 가뿐하죠. 게다가 해보고 싶었던 일도 얼마든 여러 번씩이나 도전해볼 수 있고 말이죠. 미용실 에피소드와 나이대만 바뀔 뿐 뭐가 다르겠냐는 말씀입니다. 후훗. 세상이 하는 모두의 거짓말을 마녀답게 정정해 드려보면 이렇습니다.

'이미 늦었다' 말고 '고작 이미 늦었다는 생각일 뿐이다'

어찌 보면 우리가 세고 있는 나이라는 것은 지구가 태양 주변을 한 바퀴 돌고 오는 지구의 사적인 스케줄일 뿐 내가 마녀로 사는 것에 적당한 시기를 나타내는 기준이 되기엔 너무 지구 중심적인 생각 아닐까 합니다. 마녀로 살려면 지구 중심이 아니라 내 마음을 중심으로 돌아가야 하는 게 맞겠죠?

음, 지구의 공전을 빗대어 이야기 했으니 내친김에 자전 이야기도 해볼까요? 우리나라가 오늘 오전 11시면 밴쿠버는 전날 저녁 7시 9분이고 뉴욕은 10시 9분이 됩니다. 반면 베이징은 같은 날 10시 9분, 두바이는 6시 9분이죠. 그렇다고 누구 하나 우리가 밴쿠버나 뉴욕에게 늦었다고 잔소리를 한다거나 베이징이나 두바이를 부지런하다고 칭찬하지 않잖아요? 하하.

늦고 빠름 또한 비교에서 나오는 생각일 뿐 모두가 자신만의 시간대를 자기만의 속도로 마녀답게 살아가면 된다는 거죠. 그러니까 결국 세상이 내게 하는 거짓말 '될 놈은 따로 있다'라는 것도 고작 비교에서 비롯한 오랜 생각일 뿐이고 '성공은 아무나 하는게 아니다'라는 말도 고작 비교에서 비롯한 생각일 뿐이란 말입니다.

즉 모두의 거짓말은 그렇다고 믿는 고작 오랜 생각일 뿐이에요. 중요한 건 이 생각들을 반복하면 우리는 진리로 믿게 되고 이 믿음이 반복되면 신념이 되어버린다는 거죠, 그러다 보면 결국 내가 믿는 제한적 신념의 감옥에 무기수로 셀프 수감 당첨되는 것 아니겠어요? 온통 제한적인 감옥에서 어떻게 마녀로 살 수 있단 말이죠?

그러니까 말이죠. 내가 만들어 놓은 믿을 신(信) 생각 념(念) 신념의 감옥에서 해방되려면 믿을 신(信)을 새로울 신(新)으로 바꿔야만 합니다. 소리는 같으나 전혀 다른 새로운 신념으로 말이죠. 결국, 모두의 거짓말로 내 발등에 박혀있는 도끼를 뽑아낼 최고의 방법이자 유일한 방법은 누군가의 그럴듯한 도움이 아닌 나의 신(新) 념(念) 새로운 생각이라는 것이 모두의 거짓말에 속지 않는 비법이라는 말씀입니다.

마녀님들! 자나 깨나 거짓말 조심입니다. 아셨죠?

내가 나에게 하는 거짓말

마녀님들! 이 세상에 존재하는 모든 거짓말 중에 가장 슬픈 거짓말이 무엇인 줄 아세요? 거짓말도 여러 장르가 있는데요. 단연코 슬픔 한도 초과인 거짓말이 있답니다. 성격 급한 사람들 중 상위권에서 활동하는 유마녀가 바로 정답을 말씀드릴게요. 정답은 바로바로 '내가 나에게 하는 거짓말'.

이 거짓말이 슬픈 이유는 거짓말을 하는 사람과 속는 사람이 같은 한 사람이기 때문이고 거짓말을 하는 사람조차 그 말이 진짜 거짓인지 모르고 있다는 점이 슬픔의 격랑을 만들어내죠. 이런 경우는 내가 나를 속이고 있으니 누구를 탓할 수도 없는 거 아니겠어요?

세상이 내 발등에 꽂는 도끼를 제아무리 잘 경계한다 해도 내가 내 발등을 찍으면 평생 반쪽짜리 하프 마녀로 살 테죠. 자. 그렇다면 내가 나를 속이고 속는 이 슬픈 거짓말은 무엇인지 바짝 가까이 와서 들어보세요.

내가 나에게 하는 거짓말 하나!
'나는 내가 잘 알아'

마녀님들마다 '난 참 이런 쪽으로는 소질 있어' 또는 '난 이런 게 잘 맞아'라고 말하게 되는 부분이 있으시죠? 반면 '난 그런 건 안 맞아' '난 그런 쪽은 타고난 재주가 없어'라고 말하는 부분들도 이미 알고 있으실 테고요. 이렇게 나에게 맞고, 안 맞고 이런 내가 만든 나에 대한 정보들은 정말 정확한 걸까요?

강남구청 앞에 사는 피아노를 연주하는 다소 씩씩하게 생긴 언니가 있어요. 작은 피아노교습소를 운영하고 있는 언니는 만날 때마다 부쩍 이런 말을 해요.

"초등학교 때 친구 따라 우연히 간 교회에서 피아노를 처음 만났거든. 그때 내 재능을 운명적으로 발견한 거잖아. 그때 피아노를 못

만났으면 어쩔뻔했나 몰라"

그리곤 본인은 운동은 젬병이라는 말을 도리도리질과 함께 꼭 덧붙여 말한단 말이죠. 본인과 잘 맞는 것을 발견하고 마음먹은 대로 하고 있다면 참 행운이고 행복한 마녀라고 저도 생각합니다. 근데 말이죠. 진짜 그 언니에겐 피아노만이 진짜 운명이었을까요? 친구 따라 교회에 갔을 때 기타, 드럼, 바이올린 같은 다른 악기를 먼저 만났다면 어땠을까요? 언니가 피아노를 운명적이라고 생각할 수밖에 없는 이유는 살면서 꾸준하고 유일하게 경험한 악기가 피아노였기 때문일 확률이 높지 않을까요? 피아노를 만나고 쭉 해왔기에 피아노를 어느 수준 이상으로 하게 됐고 그래서 더더욱 나와 잘 맞는다고 생각하게 된 게죠. 여기에 차곡한 시간까지 더해지면 운명이라고 생각하게 되는 것이 어쩌면 자연스러운 현상이다, 이거죠. 안그래요? 언니는 정말 자신에 대해 잘 아는 걸까요? 내가 내게 하는 거짓말 마녀답게 정정해드립니다.

'나는 내가 잘 알아' 말고 '나는 지금까지 경험한 것만큼만 나를 알아'

지금 내가 나에 대해 알고 있는 것들을 '나'라고 믿는 건 과거의 경험만으로 나를 제한하는 안타까운 태도일 수 있다는 거죠. 내가 나에게 다채로운 경험치를 만들어 주지 않으면 제법 타고난 선천적, 후천적 재능도 발견할 기회는 아쉽게도 생기지 않을 테니까요.

어쨌거나 내가 알고 있는 나에 대한 정보는 지금까지 경험한 바에 의한 정보일 뿐 얼마든지 다른 나의 모습을 만날 기회가 여전히 창창합니다. 사실 앞으로 내가 어떻게 달라질지는 아무도 모르는 미지의 영역인 거죠. 가끔 티브이에서 보면 평생을 한 가지 일만 천직이라 믿고 해오던 사람도 어떤 계기를 기점으로 전혀 다른 분야의 일로 접어들어 다른 삶을 사는 경우도 종종 보잖아요. 여기서 그 어떤 계기라는 게 결국 과거의 나였으면 선택하지 않았을 전혀 다른 선택이었겠죠? 그러니까 익숙함에 속아 하던 선택만 하는 것이 나답다고 생각하기보다는 새로운 선택을 종종 해보기로 해요. 아니 종종 말고 덥석덥석 성큼성큼 해보기로 해요.

결국은 한결같지 말고 이랬다저랬다 하자는 이야기랍니다. 솔직히 이랬다저랬다 해야 진정한 마녀답게 살 수 있다니까요. 하하. 어렸을 적 하던 놀이 중에 보물찾기 기억나시죠? 구석구석 내 안에 숨겨진 나도 모르는 보물은 여기저기 들춰 봐야 찾아질 테고, 찾아야 비로소 갖게 되는 걸 테니까요. 그러니 새로운 경험에 대해 낯섦과 어색함은 슬렁슬렁 넘겨봐야 할 일입니다.

사실 잘 생각해보세요. 나는 원래부터 잘하는 것도 원래부터 못하는 것도 없는 0에서 시작했어요. 아기 때는 다 0이잖아요. 그러니 뭐 '나는 원래 그런 사람이다'라는 타령은 뿌리가 빈약한 근거라는 거죠. 뭐, 설령 운 좋게 빨리 찾아진 첫 번째 두 번째 보물이 있다고 해도 그것만이 내 운명이라고 생각하기엔 내 안에 우주는 광활하고 무한하잖아요. 그러니 마녀님들 지금 손에 쥔 보물만으로 만족하지 말고 우리 함께 나의 보물찾기 평생 재미나게 해보자고요.

마녀님들 자나 깨나 내가 만든 거짓말 조심입니다. 아셨죠?

내가 나에게 하는 거짓말 하나 더.
'나도 그거 다 해봐서 알아'

'나도 그거 다 해봐서 아는데…. 블라블라' 누군가에게 조언을 구하면 종종 그들의 인생 경험치에서 데려오는 인용구죠. 꼭 이런 말 뒤에는 '그거 하지 마라'는 만류하는 구절이 자주 오잖아요. 그럴 때마다 드는 생각인데 말이죠. '다 해봤다'의 '다'는 얼마만큼인 걸까요? 혹시 마녀님들 얼마만큼인지 알고 있으세요? 후훗. 우연일지 몰라도 이런 조언을 해주시는 분들을 보면 충분한 경험보다는 단편적인 경험을 가지고 있는 경우가 대부분이어서 주시는 조언은 약소하게 참고하게 되더라고요.

빠른 결정과 속단은 비슷해 보이지만 전혀 다른 카테고리니까요. 물론 반대인 경우도 있기도 하지만요. 근데 웃기는 게 뭐냐면요. 저 스스로 무엇인가 도전하려거나 시도하려 할 때 저도 자신에게 똑같은 인용구를 습관처럼 사용하더란 말이죠. 제게 몇 번 안 되는 직 · 간접적인 경험을 떠올리면서 '아 그거 해봤는데 아니었잖아' 라고 스스로를 막 설득하는 거죠.

근거로 사용하기엔 꽤나 누추한 경험으로 앞으로 펼쳐질 경험을 제한하는 저만의 혼잣말에는 얼마나 정성 들여 경청하는지 말예요. 사실 그간 제가 포기해온 일들을 보면 나랑 안 맞는다는 결론을 내리기에는 횟수 자체가 모자라도 너무 모자란 경우들이 솔찮히 많더라고요.

1차원적인 예를 들어보자면요. 신혼 기간을 중국에서 잠깐 살았던 적이 있었답니다. 그때 중국 음식들을 아예 입에 대지도 못했어요. 그 중국 특유의 향신료가 얼마나 생경함을 넘어 불편한지 냄새만 맡아도 헛구역질을 했던 터라 역시나 중국 음식은 평생 못 먹을 거로 생각하고 모든 기회를 사양하고 차단했었죠.

한국으로 돌아와 몇 년이 훌쩍 지난 어느 날 저녁, 귀한 분에게 중국 정통 음식을 가정식으로 대접받게 되었는데요. 정성스럽게 만든 음식 앞에서 차마 못 먹겠다는 말을 꺼내놓지 못하고 불편한 음식들을 입에 넣게 되었지 뭐에요. 계면활성제 맛이 나는 고수는 입안에서 보글보글 드럼세탁기가 돌아가는 느낌이었답니다. 이럴 거면 내가 세탁기로 태어났어야지를 속으로 외쳤는데 말이죠. 근데 신기하게도 지금은 고수의 향긋함에 매료되어 웃돈을 주고라도 챙겨 먹는 고수 마니아로 거듭났거든요. 푸핫.

중국 풀떼기의 맛을 알기에도 적당량의 기회가 필요한데 말이죠. 하물며 다른 경험들은 오죽하겠냐는 이야기입니다. 그 후로는 누추한 경험으로 주어진 기회를 빠르게 포기하려 할 때마다 머릿속에 고수가 보글보글하고 떠오르게 됐습니다. 그렇다면 어디 한번 내가 나에게 하는 또 하나의 거짓말을 마녀답게 정정해볼까요?

'나도 다 해봐서 알아' 말고 '나는 더 해봐야 알아'

맞아요! 해봤는데 안 된다고 또는 못 한다고 생각하고 마음속 저 깊은 심해에 담가놨던 일들이 사실 안되는 게 아닐 수 있어요. 어느 정도 흥미와 재미를 느끼기까지 절대 시간은 꼭 필요하니까요. 앞으로는 우리 미리미리 멈춰버리지 말자고요.

나의 속단과 경험량 부족이 만든 왜곡된 생각이 나에게 거짓말을 하고 있을 수 있으니까요. 아 참, 거짓말들의 특징은 감쪽같이 거짓말 같지 않다는 것 또한 잊지 마셔야 해요.

마녀님들. 자나 깨나 내가 만든 거짓말 조심입니다. 아셨죠?

마녀포텐 언박싱

모두의 거짓말과 내가 나에게 하는 거짓말에 자꾸 맘이 가는 건 이해합니다. 모기 물린 곳을 긁으면 안 된다는 건 알지만 가려워서 자꾸 손이 가는 그 마음일 테니까요. 덥석덥석 믿어왔던 것을 단번에 외면하긴 쉽지 않겠지만 그 믿음의 방향을 바꿔야 내 안의 고유하고 고요한 힘, 마녀 포텐을 언박싱할 수 있는걸요. 심지어 그 힘은 현존하는 과학으로 측량조차 할 수 없을 만큼 내 안에 무한 매립되어 있다는 것을 믿어야 합니다. 사실 마녀 포텐의 존재를 믿지 않으면 그 포텐 박스는 영구히 열 수 없을 테니까요.

얕은 사색 전문인 제가 동양고전을 어찌 깊이 있게 알겠냐마는

2000년 전 순자 아저씨의 명언 '누구나 마음먹은 대로 살 수 있는 힘을 가지고 있다'라고 말씀하신 것에는 '좋아요' 천만 개를 아낌없이 눌러 드리는 바입니다. 누구나 마녀로 살 수 있는데 그러려면 먼저 그 명제를 믿어야 그 힘을 쓸 수 있다는 거죠.

여기서 중요한 점은 마녀다운 그런 포텐이 내게 있느냐 없느냐를 확인, 의심하는 게 아니라 진짜로 믿는 거예요. 무엇을? '나는 내가 마음먹은 대로 살 수 있다. 나는 마녀다'라는 것을요. 순자 아저씨뿐만 아니라니까요.

매일 상상하고 상상을 믿는 것만으로도 뇌세포가 재배열되고 확장된다는 뇌 가소성을 말하는 너무도 존경하는 조 디스펜자 아저씨도 말하고 있죠. 자신이 원하는 것을 '계속 말하고 믿으면 그렇게 된다.' 그게 전부라고 말하는 그 유명한 밥 프록터 아저씨도 믿으라고 하잖아요. 또 사장학 개론의 김승호 아저씨도, MKYU 김미경 아줌마도, 마녀 유윤주도 쓰고, 말하고, 상상하고 믿으라고 아주 주구장창 이야기하고 있다니까요.

근데 말이죠. 이 내로라하는 사람들이 지금 한자리에 다 모여서 나를 돕는다 하더라도 내가 인정하지 않는 나의 잠재력을 꺼낼 방법은 이 세상에 없다는 게 진짜 팩트랍니다. 그러니 좀 더 그럴듯하고 세련된 자기 계발, 자기 개발 방법을 찾아 발품을 팔 필요는 이제 더는 없어요. 지금 이 자리에서 마녀 포텐 언박싱 나 홀로 시작하면 바로 시작됩니다.

내 안에 고요하고 고유한 힘! 마녀 포텐 언박싱!
첫 번째 - 포텐 깨우기

자, 먼저 고요한 내 포텐을 깨우기 위해 '알람 질문'을 던져 보아야 해요. '마녀로 마음먹은 그 마음 진짜입니까?' 진짜 내 영혼이 바라는 마음이 아니고는 잠자는 포텐을 깨울 수가 없어요. 그럴듯한 가짜에 포텐은 반응하지 않으니까요. 그러니까 지금 먹은 그 마음이 진짜 내가 원하는 것인지 꼭 반드시 확인하세요.

20대에는 그럴듯한 직장에 입사 정도는 해줘야지. 30대에는 안정적으로 일단 결혼은 해야 하지 않을까? 40대쯤엔 집 장만은 해놔야 기본은 하는 거 아닌가…. 또는 일단 날씬한 게 예쁘니까 일단 살부터 빼자! 우선 돈은 무조건 많은 게 좋으니까 돈부터 벌자! 같이 목적이 상실된 마트 전단지 같은 목표가 아닌가 들여다보자는 이야기랍니다. 어쩌면 그동안 포텐이 없는 게 아니고 포텐을 깨우기엔 내 마음이 함량 미달이었을지도 모르겠습니다, 안 그래요?

하기야 내 마음속에서도 진짜와 가짜가 애매하게 섞여 있어 희미하고 뿌옇기도 하죠? 그럴 때는 거울 앞에 서서 10년 후에 이미 마녀로 살고 있는 미래의 나를 머릿속에 냉큼 소환해서 보면 됩니다. 내가 진짜로 원하는 모습을 생생하게 상상했을 때 입꼬리 근육의 반응을 감지하는 거죠.

진짜 원하는 것을 상상했는데 입꼬리가 미지근하게 가만히 있다면 이 마음은 함량 미달이거나 진짜 원하는 게 아닐 수 있어요. 진짜에는 몸이 고민없이 즉각 반응하니까요. 단, 원하는 것을 이뤄낸 모습을 디테일하게 상상해내는 것 또한 연습이 필요하다는 거 잊지 말아야 해요. 뭐든 단번에 되는 건 세상에 없으니까요. 지금 바로 포텐을 깨우는 알람 질문을 통해 입꼬리와 심장 박동수가 달라지는 그것을 찾아보자고요. 자, 오른손을 턱밑에 괴어보세요!

내 안에 고요하고 고유한 힘! 마녀 포텐 언박싱!
두 번째 – 포텐 배양하기

성공하셨다면 마녀님, 정말 축하드려요. 진심 진심으로요. 저 또한 살면서 내가 가진 포텐을 모조리 다 써보고 죽고 싶은 바람이 있지만 이건 어디까지나 바램일 뿐 지구인 중에 아직 그런 사람은 없거든요. 오히려 자신의 포텐을 깨우기는커녕 부정하고 살아가는 사람들이 대다수죠. 그러니 나의 포텐을 믿고 깨우는 우리는 축하받아야 합니다. 씨익. 자, 이제 깨워낸 나의 포텐을 이제 잘 배양해봐야겠죠? 포텐 배양하기 방법은 꽤 간단합니다.

1. 마녀로서의 모습과 상황을 매일 상상하기
2. 마음먹은 것을 매일 소리 내서 말하기
3. 마음먹은 것을 매일 쓰고 모으기

1번은 우리 의식에 의식적으로 마녀 타투를 하는 거죠. 개인적으로 제일 좋아해서 시도 때도 없이 사용하는 방법이에요. 걸어 다닐 때나 주로 지하철, 버스를 탈 때 또는 자기 전에요. 마녀로서 이룰 것을 다 이룬 내 미래를 미리 소환해서 구석구석 이리 뜯어보고 저리 뜯어보는 거예요. 여러 에피소드별로 표정이나 의상이나 날씨 함께 있는 사람들까지 상상해보는 거죠. 마치 좋아하는 넷플릭스 정주행하듯이 말이에요.

이때 필요한 건 프로 디테일링이죠. 마녀로서의 내 모습을 딱딱한 두개골 안에 의심 많은 분홍 덩어리, 나의 뇌가 찰떡같이 믿도록 4D 스킬로 낱낱이 상상하느냐가 관건이죠. 여러 대조실험에서도 밝혀졌지만 직접경험하는 것만큼 생생하게 상상하면 뇌 신경이 상상하는 쪽으로 새로운 길을 만들어요. 아니 글쎄 초보 골퍼가 골프를 매일 치는 디테일한 상상을 꾸준하게 하면 실제로 매일 연습을 한 골퍼처럼 뇌세포가 활성화된다고 하니 디테일하게 꾸준히 상상하지 않을 이유가 있을까요? 이거야말로 무자본으로 진짜 확실한 마녀 자본을 얻는 방법인데 말이죠.

2번과 3번 또한 의식적으로 무의식에 마녀 타투를 하는 거예요. 주변에서 많이 보셨죠? 아침에 일어나자마자 긍정 확언을 하고 원하는 것을 이미 이뤘다고 생각하며 말하고 감사일기를 쓰고 말이죠. 이렇게 내가 원하는 것을 끌어당기는 에너지를 만드는 것은 단순히 긍정적인 태도가 부정적인 것보다 낫기 때문이 절대 아니에요. 경험해본 사람만이 아는 다른 차원의 자본을 사용할 수 있는 방법이기 때문에 하는 거랍니다.

물론 꽤나 식상하고 시시할 수도 있어요. 근데 바로 그게 빅 함정이니까 조심해야 해요. 마녀 포텐을 배양하기 위해 반드시 조심해야 할 함정은 어렵거나 달라 보이는 게 아니고 너무 당연해서 시시해 보이는 게 특징이니까요. 그 식상하고, 그 시시한 걸 뚫고 나 자신을 믿고 상상하고 말하고 써보는 마녀님만이 얻게 되는 힘이라는 거 이제 아셨죠?

다들 특별한 방법만 찾고 있는데 특별한 방법 찾아봐야 하나 소용없어요. 어차피 또 자신을 못 믿어서 생기는 문제를 만나게 될 테니까요. 크크. 시시와 식상함을 먹고 포텐은 오늘도 자라고 있다는 걸 믿으세요. 제가 책임질 테니까요.

내 안에 고요하고 고유한 힘! 마녀포텐 언박싱!

세 번째 포텐 호환하기

나의 포텐을 움직일 '내가 진짜 원하는 것'을 가려냈고 '상상하고 말하고 써가며' 포텐을 배양했다면 이제 그 잠재하고 있던 힘을 진짜 힘으로 바꾸는 포텐 호환하기가 필요하겠죠? 이거야말로 마녀님들께 앞서 구체적으로 그려드린 방법이죠. 바로 마녀 습관입니다.

결국엔 매일 반복하고 있는 것이 나를 만들고 나를 가장 잘 말해주니까요. 즉 서울시 도로교통 상태처럼 시시각각 변하는 우리의 미래를 도통 예측할 수나 있겠냐마는 일상에서 반복하고 있는 그것이 내 정체성과 미래를 만들 거라는 것은 용한 무당이 아니어도 호언장담할 수 있잖아요? 후훗. 그러니 우리의 잠자고 있는 포텐을 깨우고, 키워서 사용해야 할 곳은 결국 마녀 습관이라는 이야기랍니다. 포텐을 모아 빅 이벤트 한방에 쓰는 것이 아니라 일상에 녹여내야 한순간만 변신하는 모습이 아닌 마녀로 변화해가는 나를 만들 수 있기 때문입니다. 자, 말이 나온 김에 마녀 습관은 어떻게 디자인하는지 앞장으로 휘리릭 책장을 다시 넘겨보셔도 좋네요. 이렇게 포텐의 '선순환 써클'이 만들어지면 이제 점점 더 재미있어지실 거예요.

[포텐 깨우기 → 포텐 배양하기 → 포텐 호환하기 → 포텐 흡수하기(마녀습관) → 뉴 포텐 깨우기]

포텐의 선순환 써클은 그린라인, 2호선과 같아서 처음 한 바퀴에만 집중해보면 두 바퀴, 세 바퀴 점점 더 익숙해질 테니 갈수록 포텐 팡팡은 뻔하고도 당연하게 맞이할 우리의 미래 되겠습니다.

마녀로 살아가면서 얻어진 시크릿급 지혜는 다른 누군가의 요란함과 현란함에 홀리지 않고 내가 가진 고요하고 고유한 힘에 꾸준히 기꺼이 홀리며 살아야 한다는 것이죠. 결국 믿어지지 않는 것을 믿어내는 것이 힘이고 진짜 실력이랍니다.

다시 한번 내가 가진 마녀 포텐을 굳세게 믿으셔야 해요!

마치며

어느덧 깃털처럼 가벼운, 그러나 그 깃털이 마녀님들을 날갯짓 하도록 만들어 줄 이 책의 마지막 페이지에 도달했네요. 아쉽고도 홀가분한 마음이 적절합니다. 꿈틀꿈틀한 이야기 하나 들려드리고 키보드에서 손을 뗄까 해요.

꿈틀꿈틀 움틀움틀! 손짓, 발짓 다 하며 둥그런 접시에서 자신의 존재를 적극적으로 어필하는 이 생명체의 이름은 무엇일까요? 요 녀석의 이름은 낙지랍니다. 그것도 메뉴판에 적힌 풀네임에 따르면 '산낙지(국내산)'이죠. 어렸을 적엔 산낙지가 마냥 징그럽다고 생각했었는데 말이에요. 언제부터였을까요? 요란하게 움직이는 낙지의 파편들을 싱싱하다고 말하기 시작한 건 말이죠. 제일 활발하게 움직거리는 낙지다리 하나를 젓가락에 집고는 산낙지에 대해 골똘히 생각에 잠겼습니다.

저기요, 마녀님들 질문 하나 드려볼게요. 메뉴판에는 버젓이 산낙지(국내산)로 표기되어있긴 하지만요. 그릇에 담겨 나오는 꿈틀꿈틀거리는 이 산낙지는 진짜 살아 있는 걸까요? 아니면 죽은 걸까요? 그러니까 이 메뉴의 이름이 산낙지여야 하는 게 맞는 걸까 말입니다. 그렇다면 살았다 죽었다의 기준은 무엇이 되어야 하는 거죠? 주변에 의견을 물으니 작지 않은 파장이 일렁이더라고요.

일단 꿈틀거리고 있는 건 살아 있다는 거다 그래서 이름도 산낙지 아니냐, 아니다 엄밀히 말하면 산낙지는 죽은 거다. 갓 죽은 거도 죽은 거니까 죽은 낙지다. 아니다, 산 것도 죽은 것도 아닌 반반낙지다. 등등…. 하하. 100분 토론 뒤지지 않은 열띤 토론의 세계가 활짝 열리더란 말입니다. 뭐, 제 생각으론 메뉴판에는 '갓 죽은 낙지' 또는 '세계관에 따라 다른 낙지'로 적혀있어야 하는 거 아닌가 싶어요.

둥그런 접시에 담긴 꿈틀거리는 산낙지가 가져온 삶과 죽음에 대한 절대 가벼울 수만은 없는 질문 앞에 우리의 삶을 살포시 포개

어봅니다. 과연 나는 자신 있게 살아 있다고 말할 수 있을까? 몸을 바삐 움직일 뿐 내 마음대로 살고 있지 않다면 나 또한 산낙지 증후군을 의심해야죠. '산낙지 증후군' 살아 있으나 살아 있지 않은 상태. 또는 이미 죽었는데 죽은 줄 모르는 상태랄까요. 크— 네이밍 신랄합니다. 그죠?

죽었으면서 살아 있다고 애처롭게 우기는 산낙지처럼 살지 않기 위해 우리는 또렷하게 마녀로 살아가야 합니다. 비록 살아볼수록 내 인생을 마음먹은 대로 산다는 것이 얼마나 어려운 일인가를 알게 된다 하더라도 말이죠. 마녀살이 N 년 차인 유윤주 마녀가 마녀의 조건을 통해 들려드리고 싶은 결정적인 메시지는 그냥 이렇게 흘러가는 대로 살아가는 것이 세월의, 인생의 이치는 분명 아니라는 것이에요. '너 정도면 괜찮다. 사람 사는 거 다 비슷하다'라고 속삭이는 주변인들의 진통제 같은 메시지로 위로를 수혈하며 삶의 웅덩이에 기꺼이 고여 있지 않기를 부탁드립니다.

더러는 무엇인가 열심을 내고는 있지만 무엇을 위한 열심인지 모른 채 불안을 위한 해열제로 자기계발에 취해있는 구간도 있을 테죠. 그 얼큰한 취기가 우리를 비틀거리게 하지 않도록 앞으로 우리에게 다가올 시간 속에 내 인생 핵심 키워드는 마녀가 되길 뜨끈하게 응원합니다. 진짜 진짜 진짜로요.

하기야 마녀로 살아간다고 모든 순간이 막 반짝반짝 빛나는 게 아닐 테지만요, 피톤치드 가득한 숲 향 같은 은은한 나만의 의미를 계속 발견하게 될 테니 조급할 필요는 없습니다. 은은한 나만의 그 의미가 시간이 갈수록 점점 나를 예쁘게 만들어 줄 테니 우리는 마녀의 의미에 집중하면 되는 거 아니겠어요? 삶의 거울에 비친 내 모습이 늘 예뻐 보이는 마녀로 우리 그렇게 살아보자고요. 비록 마음먹은 대로 사는 것이 서툴지라도 우리가 누구인지 잊지 말기로 해요. 누가 뭐래도 우리는 마음먹은 대로 사는 여자! 마녀랍니다!

아 참. 우리 좋은 소식 한가지! 마녀 습관 커뮤니티에 한분 한분 초대해 드릴게요. 마음핏이 맞는 우리 마녀끼리 모여서 '속닥속닥 으쌰으쌰 토닥토닥 부비부비 우르르 까꿍' 해보자고요. 생각만 해도 벌써 재밌겠죠? 후훗. 유윤주 마녀의 인스타그램 (zion_zoo)를 통해 추후 안내 드릴테니 한 분도 낙오 없이 입장하셔야 해요. 거기서 또 만나요! 그럼 즐겁게 마녀의 조건 여기서 깔끔하게 끝.

덧

작가라는 이름을 가지도록 도와주신 감사한 분들이 어찌나 많은지 나열하려면 책 한 권 분량 나올 판입니다. 그렇지만 꼭 말씀 안 드리면 삐지실 분만 말씀드려볼게요.

대한민국 원조 마녀 사랑하는 최명옥 여사님. 깃털만큼 가벼운 노트북 후원해주신 큰손 유병서 경목실장님 특별히 감사드리는 바입니다. 하하. 요 두 분 빼고는 다 개톡 드릴게요. 제 맘 아시죠? 씨익.